あなたのなかの幸せに気づく

チベット聖者の教え

チベット仏教の高僧「ザ・チョジェ」6代目の生まれ変わり
ザ・チョジェ・リンポチェ 著
福田典子 訳・ガイド

フォレスト出版

自分と他者を分けるから
苦しみが生まれる

わたしたちは
宇宙から生まれた
ひとつの生命

星も鳥も草も虫も

ぐるぐる
生まれ変わって
命をつないでいる

あなたの笑顔は
わたしのよろこび

あなたの悲しみは
わたしの涙

「幸せは外にはなく、
自分のなかにある」

「だから、
幸せになるのは
簡単なこと」

リンポチェさんは、
そう教えてくれた。

「幸せ」を探し続けるあなたへ

みなさん、はじめまして。福田典子と申します。

この本を手に取ってくださって、ありがとうございます。

少し自己紹介させてください。

いま私は和歌山県で子供や孫、ペットたちと暮らしています。

私が何屋さんかといえば、瞑想《めいそう》を教えていたり、カラーコンサルタントをしていたり、リーディングをしていたり、通訳をしていたり……まあ、いろいろやっているのですが、今回、あなたにとてもステキなお坊さんを紹介したいと思って、この本を書くことにしました。

お坊さんといっても、日本のお坊さんではなくチベット人のお坊さんです。

名前は、**ザ・チョジェ・リンポチェさん**といいます。

みんな気軽に「リンポチェさん」と呼んでいます。

リンポチェってとてもかわいい響きですよね。

ところが、実はすっごく立派なお坊さんなんです！　**なんでも、あのダライ・ラマ法王の次くらいに偉いお坊さんだといわれています。**

でも一緒にいるとついついそれを忘れてしまいます。

リンポチェさんはフレンドリーで誰に対しても垣根のない人です。見た目からしてアメフト選手みたいな大男で、とてもおおらかですし。チベットにリンポチェさんとともに何度も行ったことがありますが、あんな大きなお坊さんはいませんでした。

リンポチェさんは、いつも穏やかなスマイルを絶やしません。私はその笑顔が大好きです。まるで春の日差しのように温かく、生まれてきた生命をすべて祝福しているかのよう。

とても幸せな気持ちにしてくれる笑顔の持ち主なんです。

リンポチェさんは、いまアメリカのアリゾナ州スコッツデールというところを拠点に活動しています。そこから、アメリカのいろいろな地域、日本、ニュージーランドのセンター、台湾などに出向いて法話の会を開いています。**ひとりでも多くの人が日々健《すこ》やかに、安心の中で暮らせるように、瞑想を教えたり、お釈迦《しゃか》様の叡智《えいち》をお伝えしたりしているのです。**

独立国家であったチベットは、1949年に口火を切った中国の侵略で、戦いによって多くの国民の命、そして自国を失いました。この本で私が「チベット」というときは、場所としては中国のチベット自治区のことを言っています。インドや諸外国へ亡命したチベット人もいますが、70%以上の人は、チベット自治区で暮らし、貧困の中に暮らしています。

こうしている現在も、チベット人の国民性、文化、宗教の独自性は、中国によって深刻な脅威にさらされています。

私は、縁あってリンポチェさんのサポーターとなり、日本に来ていただいたり、チベット支援のお手伝いをするようになりました。

私はリンポチェさんに出会って、自分の中に幸せを生む力があることに気が

つきました。

いま振り返ると、それは私がずっとこころから求めていたものだったことがわかります。

リンポチェさんは、毎日こころの訓練をしています。

それは……**瞑想《めいそう》です。**

「瞑想を続けると、こころの中の深いところから、うっかり忘れていた大切な光に出会える」

リンポチェさんは、こう言います。

「瞑想をしていると、その光によって誰の力も借りることなく、自分の力で自分を幸せにすることができるようになるんだよ」

それはリンポチェさんが僧侶《そうりょ》だからではありません。だって、私のようなふつうの人だって瞑想のすごい力に気づくことができたのですから。

私だけでなく、リンポチェさんの教えによって多くの方が自分の中に眠っていた幸福の種を見つけ出すのを目撃してきました。

瞑想からもたらされる気づきの一つひとつが貴重なものですが、なかでもいちばん大切なものは、おそらく次のことです。


なんであれ自分のこころがすべてをつくり出している。

だから、こころ次第で不幸にも幸せにもなれるということ。


なぜみんなそんなにお金が欲しいのでしょう。

なぜ人と自分を比べてばかりいるのでしょう。

なぜ愚痴や不満が減らないのでしょう。

なぜ人々は憎しみ合うのでしょう。

リンポチェさんは、私に「瞑想は心の旅だよ」と教えてくれました。
いま私はその通りだなあと、しみじみ思っています。
瞑想であなたのこころの中を旅してみませんか。
きっとあなたがいちばん探していたものが見つかるはずです。

本書のガイド役

福田典子より

第1章

「いまここ」からこころの旅がはじまる

第4章

瞑想はこころの旅

第5章 この星に生まれて死んでゆく私たちのこと

最終章

ダライ・ラマから授かった宝の教え

第1章

「いまここ」から
こころの旅がはじまる

ある日、突然チベットの高僧になる

私の名前はザ・チョジェ・リンポチェと言います。皆さん私のことを「リンポチェ」と呼んでくださるのですが、そもそもチベットにおけるリンポチェがどのような存在か、ご存じの方は少ないでしょう。

リンポチェというのは、チベット密教ゲルク派の高僧の称号です。

日本でお坊さんになるとしたら、お寺の家に生まれてその跡取りになるとか、自分の意志で仏門を志すといったイメージを持つ人が多いかもしれません。

でも私の場合、それはある日突然やってきました。16歳のときでした。インドのチベット人難民キャンプから父とダライ・ラマ法王からの親書をたずさえた大勢の使者たちが寄宿舎のある学校にはるばるやってきたのです。

その親書には、ダライ・ラマ法王の手書きで、私が「ザ・チョジェ・リンポチェの6度目の転生者である」ことが書かれていました。
ザ・チョジェ・リンポチェといえば、チベット人なら誰もが知っている偉大な高僧です。2500年前まで遡《さかのぼ》りますが、お釈迦様の十大弟子の一人で優波《ウパー》離《リ》といわれる僧侶がいたのですが、その僧侶が転生しているといわれています。

私はその日、その瞬間までは、どこにでもいる普通の男の子でした。ロングヘアーに穴の開いたジーンズを穿《は》いたバスケットボールに夢中の一少年が、ザ・チョジェ・リンポチェの転生者であるだなんて、まったく青天《せいてん》の霹靂《へきれき》です。自分がザ・チョジェ・リンポチェであったという前世の記憶は微塵《みじん》もありませんでした。

「リンポチェ」になる方法

リンポチェになるには、3種類の方法があります。
私のように「生まれ変わりとしての存在」のほか、「仏教徒として偉大な業績をあげることで認定される人」「それぞれの寺院が独自に認定し、後にダライ・ラマ法王によって認定された人」です。

生まれ変わりの場合、その多くは物心つく前の子供であることがほとんどです。私のように16歳でリンポチェになるというのはチベットでも稀《まれ》なケースでしょう。そこには歴史的な理由があります。

前世の5代目ザ・チョジェ・リンポチェは東チベット（チベットカム）の広大なエリアを統治していました。

1959年にチベットと中国の間で問題が起こり、チベットは自国を失います。リンポチェは毛沢東率いる紅衛兵の侵略によって囚《とら》われの身になり、拷問の末32歳で亡くなりました。でも、その事実が外部に知らされることはありませんでしたから、**チベットの人たちは長い間リンポチェが生きているのか死んでいるのかわからないままだったのです。**

彼の死がチベット人に知らされたのは、ともに投獄をされていた僧侶たちが解放されてダライ・ラマ法王に報告がなされたときです。

代々、ザ・チョジェ・リンポチェは東チベットの王様のような存在であり、チベット仏教にとって重要な人物とみなされていましたから、これはどこに輪《りん》廻《ね》転生《てんしょう》しているのか見つけ出さねばと考えたダライ・ラマ法王の指示のもと、捜索隊が作られ、ザ・チョジェ・リンポチェ探しが始まったのです。

そのときすでに亡くなってから20年近い年月が経ち、１９８４年になっていました。それが私、6代目のリンポチェが見つけ出されるのに時間がかかったいちばんの理由でしょう。

転生者を見つける方法

転生者をどのように見つけるかというと、チベット仏教には高僧だけができる占いがあります。

ごく簡単に説明すると、サイコロのようなものを3つ使って、そこに出る数字によって占う方法です。3つのさいころの目がそれぞれ、1、1、1だったら、足して3になります。3にはどのような意味があるかを見ていきます。

最初にどこに転生しているかという場所を探します。チベットにいるのか、インドにいるのか、ほかの国なのか。私の場合は、「インドに転生している」と出たそうです。古くから伝わる占星術でも占われました。

次に、インドの東西南北のどのエリアなのかを調べてみると、それは南インドでした。チベット人ですから、難民キャンプに暮らしているのだろうとなりますが、そこにも膨大な人数がいます。その中の誰なのか、さらにその少年が14～16歳であることまで絞り込んだそうです。

占いで導き出されたチベット人難民キャンプから14～16歳の少年の該当者リストが上がってくると、ダライ・ラマ法王がリストを眺めて、「この少年だ」と、当時の私の名前チョンジュルを指したのです。

選ばれた捜索隊はそれ急げとインドにあるチベット亡命政権のキャンプの私の実家にやってきました。それだけで実は3ヶ月もかかっていたのですが、捜索隊が自宅に到着したとき、私はインド政府がつくってくれたチベットの子供のための寄宿舎学校に入っていて不在でした。寄宿学校はバラナシのサルナートというところにあり、自宅からはさらに30時間以上かかります。捜索隊はキャンプの家から父を連れて、寄宿舎までやってきたのです。

やってきたダライ・ラマ法王の使者

その日は、その夏いちばんといってもいいくらい蒸し暑い日でした。お昼ご飯が終わると、昼寝の時間が2時間くらいあるのですが、いつものように気持ちよくまどろんでいると、学生の一人が部屋に飛び込んできて、「お父さんたちが君を探しているから行ったほうがいいよ」と教えてくれたのです。

胸がドキッとして一気に眠気がふっとびました。寄宿舎生活が始まってまだ3カ月しか経っておらず、新米だったからです。そこにわざわざ父が来るなんて、どうしたことかと思いました。

父たちが待っている場所に向かう途中、まさか「お父さん、寂しくなっちゃったのかな？」と思ったり、家でよっぽどのことが起きたのかもしれないなど、さまざまに思いを巡らしました。

そこに着くと、私の想像をはるかに超えた驚くべきことが待っていました。

まず、知った顔は父だけ。ほかの人は知らない人たちばかり。しかも、全員そろって正装をしているではありませんか！　**チベットで正装をするというのは、たいへん地位の高い人に謁見するような特別なときだけです。**

さらに、敬意を表すカタと呼ばれる白いシルクのスカーフを私に向かって捧《ささ》げています。おまけにみな一斉にお辞儀をし、父まで祈りの姿勢で頭を下げている……。

自分の後ろにどれだけすごい高僧がいるのかと振り返ってみても誰もおらず、いったい何が起きたんだろうと困惑しました。

父に駆け寄って「どうしたの？　ここで何しているの？　何があったの？」と問いかけても、目を合わせようともしてくれず、ただ下を向き挨拶をするだけです。そして、ダライ・ラマ法王からの親書を私に捧げるように差し出しました。

親書には、前述したようにダライ・ラマ法王の直筆によって、私がザ・チョジェ・リンポチェであることがわかり、リンポチェが東チベットで生まれたことや亡くなったことやその背景などが詳しく書かれていました。

父が目を合わせようとしなかった意味がそこでわかりました。**チベットでは、高僧と目を合わせることは失礼だとされているのです。**

すさまじく大きな変化が突然我が身に起こったわけです。

ただただ茫然と立ち尽くしていると、すでに私のために用意されていた席に、「どうぞお座りください」と自分よりずっと年上の僧侶が丁寧に促してくれました。おずおずと椅子に腰かけると、父も、使者たちも、学校の先生たちもみんなして私に向かって五体投地（五体すなわち両手・両膝・額を地面に投げ伏して、仏や高僧などを礼拝すること。仏教において最も丁寧な礼拝方法の一つ）を始めました。

使者の中には、75歳くらいの僧侶もいました。そして、「私はあなたの弟子です。転生したリンポチェ様にまた自分が生きている間に再会できるなんて」と言いながら、滝のように感動の涙を流しているのです。

そんな様子を目の当たりにしながら、とても複雑な気持ちになりました。なぜなら、私はお坊さんになりたいと思ったことがなかったからです。

突然、「あなたは高僧の生まれ変わりですよ」と言われても、自分としては期待もしていませんでしたし、戸惑うばかりでした。私は、「少し自分の部屋で一人になる時間がほしい」と伝えるのがせいいっぱいでした。

チョンジュル少年からリンポチェに生まれ変わった瞬間

自分の部屋に戻る途中、いままで仲良くしてくれていた友達がみな自分を「リンポチェ」としてみている視線を感じました。

「ああいままでの自分、チョンジュル少年はいなくなってしまったのだな」

と、ふと感じる瞬間でした。自分はもう「リンポチェ」なのだと。

リンポチェになれば、学校をやめて僧院に入ることになります。物理的に家族とも友達とも会いにくくなります。確かに、それが寂しくないかと言われれば、寂しいものです。

でも、そういったセンチメンタルな感情以上に、周りがもう自分のことをチョンジュルではなく、リンポチェだと思っているのだから、自分はその新しい人生を生きていくほかないという事実を受け止めることが急務でした。

今生、私は二人の人生を歩んでいます。一人はチョンジュル少年。彼は16歳で死んだと思っています。そして今の私です。

日本人にはなかなか受け入れ難い感覚かもしれませんが、チベットの社会では、輪廻転生は当然のものと信じられています。私も僧侶になる前からそう信じていました。だから、誰も死ぬことを恐れてはいません。

とはいえ、**輪廻を信じているチベットの精神風土の中でも、固有の人物の生まれ変わりは奇跡的なものです。**

チベット仏教では、永遠の意識の流れが存在することを示してはいますが、それは同じ個人に生まれ変わるという意味ではありません。しかし、稀に個人の転生物語が誕生し、社会全体で正式に認められることがある。それが、ダライ・ラマ法王であったり、リンポチェのような、いわゆる高僧においてしばしば見られることなのです。

私自身、自分の身に起こった生まれ変わりの奇跡にたいそう驚きはしましたが、そういった精神的バックボーンを持っていたので、私は自分がザ・チョジェ・リンポチェの転生者であることや、周りがこの出来事を境に自分をリンポチェとして見るということを、ある意味当然のこととして受け入れられたのだと思います。

もし反対に私が彼らの立場だとしたら……。たとえば私の学校の友達がリンポチェの転生者だったとして、彼の元に使者が迎えにきたら、自分もその友達をその瞬間から「リンポチェ」だとみなしていたでしょう。

王様のような生活が始まる

夕方になって、父たちの元に行き、「次、僕はどうしたらいいの」と聞きました。私の頭をチラ見するみんなの視線でそれはすぐわかりました。私はロングヘアーをさっぱり切って、僧院に向かいました。

僧院に行くと自分のための料理を作る人、自分の身づくろいをしてくれる僧侶など、お世話係が10人以上いる、まるで王様みたいな生活が始まりました。

高僧に必要な教育は3、4歳の子供のときから始められることが多いですから、16歳の私はずいぶん出遅れてスタートしたことになります。その遅れを取り戻すために特別チームが組まれ、24時間監視されながら、毎日14時間以上勉強する生活になりました。

僧院に行って2年くらいは、慣れないせいもあってあまり居心地がよいとも思えませんでした。でも自分のための玉座が作られたり、正式な儀式の前は剃《てい》髪《はっ》をしてリンポチェとしての衣装をまとったりという暮らしを続ける中で、それまでの自分とは内面から何かが変わったと感じるようになっていきました。

「リンポチェ」となって変わったこと

僧侶になりたくてなったわけではないけれど、悪くなかったなというのが、いまの正直な感想です。

ダライ・ラマ法王に直接いろいろなことを教えてもらえたり、一生涯会えないようなトップクラスの僧侶からマンツーマンで、仏教はもちろん、科学や心理学まであらゆる学問を教えてもらうことができました。

チベットの一般社会ではありえないようなことがどんどん起きるわけです。

家族の期待を背負っていたのも感じていました。私がリンポチェになったことを家族も親戚も非常に喜んでいます。確かに、家族でさえ私に対して敬意を払うので、以前のようにフランクな接し方は一切してくれなくなりました。

でも、私がリンポチェになる前と後を知っている人たちは私の表情が変わったと言います。たまに両親に会うことがありますが、私は子供のころそんなに笑う子供ではなかったというのです。いまはいつもスマイルを浮かべています。それは僧侶になったことは悪くなかったという証拠だと思いませんか？

なぜいつもスマイルでいられるようになったのか。

その最たるものは、内なる自分の宇宙を知ったことではないかと思います。

瞑想をはじめとした修行を続ける中で、自分の中にすべての幸福があったことに気づいたことがそのきっかけだったのでしょう。

瞑想する女の子

私（福田典子）には生前の記憶というものがありました。母の胎内にいるころの記憶です。生まれる前、家の天井の片隅から見ていたんです。

「嫌だな〜。この世に生まれたら〝学び〟がはじまる」

人生は修行だ。生まれたらいろいろあって大変だぞ、そんなふうに思って生まれてきたのです。


実家は北海道で美容室をしていました。母が美容師だったのです。

両親は私が生まれる前からケンカが絶えませんでした。天井の上から見ていたのでわかるのです。私が小学生のときはいつ離婚してもおかしくないような状態。いつ夫婦ゲンカのゴングが鳴るのか、私はいつもヒヤヒヤしていました。

1階の美容室からは、大人のややこしい話が聞こえてくることもしょっちゅうでした。

私はいつしか大人の顔色をうかがう子供になっていました。元来、陽気であっけらかんとしたタチでしたから、大人には無邪気に見えたでしょう。でも、私のこころの中は忙しく、落ち着くことがなく、いつもおしゃべりをしていました。

「家族なんだからもっと仲良くしてほしい」「どうして傷つけあうの」「どうしてそんなひどいこと言えるの」……。

そんなこころの声にはフタをしていました。

学校から「ただいま～」と帰ってくると、階段を駆け上がります。

リビングにランドセルを放り投げて、大きな窓の前にひっくり返り、大の字になるのが日課。窓から斜めに差し込む光をぼーっと見ているのが大好きでした。

お日さまの光の中に自分が取り込まれていると、あっというまに、1、2時間経ってしまいました。これが私の中での瞑想みたいなものの、はじまりでした。

店を閉めた母が階段を上がってくる音でやっと我に返ることもありました。

「塵《ちり》の一つが地球」という気づき

小学校の2年生のある日のこと。

いつものように大の字になって、光に照らし出された空気中の塵を凝視していました。塵は星の瞬きのようにチラチラしてとてもきれいでした。まるでお日さまのプラネタリウムを見ているようです。

「あ、この塵の一つが地球なんだ。すると、周りがぜんぶ宇宙ってことじゃない……。宇宙ってだだっ広い！」

たまたまこの塵の一つを選んで私は生まれてきただけなんだ……。

なんか、私すごいこと気づいちゃったんじゃないのかしら。
次の日も同じように学校から帰ると、塵を見つめました。

「そっか。お父さんとお母さんの問題もこの塵と一緒。2人が選んだ、2人の学びなんだ」

この先、私には私の学びがいろいろ起こるんだ。両親の問題にかかわってばかりはいられない。「世界はこの家だけじゃない」と思えたことが、私の希望になりました（外の世界を見る機会は、大学進学のときにやってきました）。

当時私は、「兼高かおる世界の旅」というテレビ番組に夢中でした。旅行ジャーナリストの兼高かおるさんが、世界各地の風俗・文化・歴史などを紹介する紀行番組です。いまでこそそういった番組は山ほどありますが、その草分け的存在です。私は、兼高かおるさんになりたいと思っていました。彼女のように世界中を飛び回って、いろいろな人に会って、いろんな体験をしてみたい。

「とにかく一度、日本から出てみなくちゃ」

私は、アメリカ留学を決めました。不仲な両親から離れてやっと自分だけを見つめる時間ができるということも、うれしかったことでした。

離婚してシングルマザーになる

いまでこそ「毎日絶好調！」と胸を張っていえる私ですが、昔はぜんぜんそんなことはありませんでした。特に、小さな子供を抱えて離婚したときは最悪の時期。

「シングルマザーで無一文、手に職の一つもない私は、宇宙一不幸だ」と決めつけて、毎日メソメソしていたのです。

アメリカの大学から帰国した私は、そのままあちこちに遊学して、いわゆる自分探しをしていました。そして、そのとき出会った男性と結婚。一児の母になりました。

東京で結婚生活を送るものの、30代半ばで離婚。夫の浮気が原因で、結婚生活はわずか5年であっけなく壊れてしまいました。

私はバリバリの専業主婦でした。夫と子供こそが私のすべてであり、マイワールド。でも離婚によってそんなささやかな幸せは木っ端みじんに崩れ去ったのです。とにかく、小さな子供を抱えてこれからどう生きていったらいいか、わかりません。はげしく絶望しました。

「人生終わった。こんなはずじゃなかったのに……」

来る日も来る日もため息ばかり。周りの人ばかりが輝いて見えました。

日差しの中の塵を見て「宇宙は広い！」なんて思っていたのに、アメリカにいってさまざまな価値観に触れていたはずなのに……。

私は自分の世界をとても小さなものに考えるようになっていました。

実家の母や弟も援助を申し出てくれました。でも、それに頼りっきりになることはできません。２人にだってそれぞれ生活があるのです。

パソコンすら大してできないのに、30過ぎで手に職のない、しかも小さな子供がいる女を雇ってくれる会社なんてあるのか。あるわけない。

「私はダメ」「私は終わった」「私は不幸」と毎日呪文《じゅもん》のように唱え続け、闇の中をさまよっていました。

喫茶店のママになる

神様はまだ私を完全に見捨てたわけではないようでした。

ある日、なんのキャリアもない私に、喫茶店の雇われママの仕事を持ってきてくれた人がいたのです。

「やります！　やらせてください」

なんてありがたいのでしょう。自分なんて何もできないと思っていました。だから、渡りに船とばかり、二つ返事でその仕事を受けました。その仕事がほんとうにやりたいか、やりたくないかなんて考える余裕はありませんでした。

子供は母が上京し、見てくれることになりました。


その喫茶店は、芸能事務所やテレビ番組の制作会社などマスコミ関係の事務所が多い雑居ビルの1階にありました。昔ながらのレトロな喫茶店です。

家が商売をしていたおかげで、客商売がどんなものかは想像がつきました。**私はもともと人とおしゃべりするのが大好き。その点、常連さんが多い喫茶店の仕事は向いていていました。**

ただ私の仕事ぶりはおっちょこちょいで、まるでサザエさん。

「ママ、ミルクがないけど」「僕これ頼んでないよ」「ホットケーキまだ？」

そんなのしょっちゅうでした。

私のおっちょこちょいに付き合ってくださる余裕のあるお客様に恵まれて、夢中で働きました。

仕事を引き受けるとき、喫茶店のオーナーに1日の売り上げを3万から10万にしてほしいと言われていました。

喫茶店のお客様は、ビルのテナントさんが常連。いままでのシステムが、売り掛けが非常に多かったのを、現金で回収すればいい。私はビルにある会社を1件1件訪ねて行き、お願いしました。

「そうしないと店が持たないんです。お願いしますよ」

「店がつぶれるのはこっちも困るよ」

交渉をきっかけに仲良くなってくれた方もたくさんいました。

こんな感じでやっていましたから、端からは充実しているふうに見えたかもしれません。

しかし、実際のところ、喫茶店では、思いっきり笑顔で応対。でも、夜になると「はあ……」と深いため息をついていました。

「私にできることなんて、これくらいだよね。せっかく与えられた仕事だもの。一生懸命やらなきゃ」

その気持ちにうそはありませんでした。でも、それは生活のためだけ。日々消耗し、ゆっくりと燃え尽きていくような虚《むな》しさを感じていました。

これをするために生まれてきたのかな……。

こうやってどんどん年だけとっていくのかな……。

これでいいのかな……。

やっぱり私は不幸……。

毎晩そんな考えが頭の中をぐるぐるしていました。

疑問
不安
迷い
不幸

「夢はある？」の一言に号泣

いつものように店番をしていると、オーダーの電話が入りました。ビルの中にある音楽スタジオからの注文でした。

そこで私は一人の大物歌手の方と運命的に知り合いました。

誰もが知っているビッグネームですが、直接喫茶店にオーダーしてくるような気さくな人だったのです。

私はその人のオーダーにもちょこちょこヘマをやらかしました。でも彼はそんな私のおっちょこちょいぶりが気に入ったみたいでした。

スタッフたちと一緒に食事に誘ってくれるようにもなりました。

彼は私のスピリチュアルな話にも身を乗り出して聞いてくれます。

彼は柔軟で、余裕があって、人生を思いっきり楽しんでいる。スターであるのはもちろんですが、人としてとてもまぶしく見えました。

歌手になりたいと思ってその夢がかなえられる人なんて、ほんの一握り。それを叶えている人だもの、やっぱりすごい。私とは違う……。そんなふうに思っていました。


ある日、彼からのオーダーで、いつものようにスタジオにコーヒーを持っていきました。その日は彼一人だけのようでした。

「おひとりなんですか？」

「そう。ちょっと話せる？」

「いいですよ。店があるんでちょっとなら」

改まってなんだろうと思いました。私なんか失礼なことしちゃったかなと心配になりました。

「ノリちゃんはさ、夢はある？」と彼は言いました。

「いや、いまはとにかく生活が第一で……」

「……そうかなと思った。おせっかいかなと思ったけど、時々ノリちゃん、寂しそうな顔するからさ、気になって」

「夢があるか？」

その一言にぐさりときました。そして、そんなふうに気にかけてくださったことが、とてつもなくうれしく、私はそれまで抑え込んでいた感情がドーッとあふれ出て、その場でぐしゃぐしゃになって泣き崩れてしまいました。

「そんなに泣かないでよ、ごめん、ごめん」

彼は私をなだめながら、やさしく、でも強く言いました。

「僕は売れない時期がほんと長かった。でも夢だけは捨てたことがない。夢がないと人はどうやったって幸せになれないんだよ。ないなら夢、探そうよ、ノリちゃん」

いつからだって夢を見ていい。夢を探していい。

そう誰かが言ってくれるのを私は待っていたのかもしれません。

子供のころは、どちらかといえば夢見がちな子供でした。私はなんでもできるんだと思っていました。

兼高かおるさんになる夢を持っていたことも思い出しました。英語をしゃべって、世界中を駆け巡りたいと思っていたんだっけ。

あの夢はいったいいつ消えてしまったんだろう。

夢なんて持ったらダメ、夢なんて持ったらかえって辛すぎるし、現実とのギャップに苦しんで、どうしていいのかわからなくなってしまう。

「いまさらやりたいことを探すなんてぜいたく」

「第一、子供はどうするの？　誰のせいで寂しい思いをさせてるの？」

そうやっていつも自分を責めたてていました。自分で自分に「ダメだ」って言い聞かせていました。誰でもありません。自分で自分の可能性を閉じてしまっていたのです。

「ぼーっと瞑想」でふたたび開眼

私は、何年か、喫茶店で面白おかしく仕事をしながら、ほかの仕事をしてみよう、私らしくできるものを探してみようと、前を向きはじめました。

ある日の午後、仕事の休憩中、近所の公園でぼーっとしていたら、それはそれは気持ちがよかったことがありました。心のざわざわが静かになって、体の中をさわやかな風がすっと通り抜ける。すごく安らぐひと時でした。

「そういえば、子供のころから私はぼーっとするのが好きだったなあ」

なつかしく思い出しました。ああこれこれ、という感じ。すごく楽しいじゃない。ぼーっとしてればいいんだ。

それから休み時間のたびに、**「ぼーっと瞑想」**をするようになりました。

瞑想は独学でしたから、「ちゃんと専門家について学ぶべきかしら?」と、そんなふうに思ってとりあえず瞑想に関する本をたくさん読んでみることにしました。

『あるヨギの自叙伝』『ヒマラヤ聖者の生活』……。どれもすてきな教えがたくさん書いてありました。でも「これだ! ぜひこれに師事したい」というものは出てきません。

夜お風呂に浸かって、またぼーっとしていました。すると、

「瞑想は自分のやり方でいい」

ハッ!! いまの誰! エーー!

その声は、自分のこころの奥の奥のほうでキャッチしたものでした。これって宇宙からのメッセージだ。私は直感しました。

そうだ。

「ちゃんと瞑想を学ぶべきかな?」と自分に質問していた答えが返ってきたんだ。問いかけていたことに宇宙が答えてくれたのだ。面白い!

「私はどうしたらいいの？」
「ほんとうはどうしたいの？」
「ほんとうは何が好きなの？」

そう自分に問いかけると、宇宙に疑問が放たれます。そして、宇宙は私のこころを通して最適なメッセージを送ってくれるのです。宇宙とこころはつながっている。そう思えた瞬間でした。

サイキックな能力とは関係ありません。目に見えるものや、理性だけで物事をとらえ、自分の可能性を閉じてしまっていると、人はほんとうのこころを見えなくしてしまうのです。

でも人は本来、宇宙の一部であり、大いなる存在とつながっています。

大人になると自分の気持ちよりも、周りの意見や社会の常識を優先してしまうようになります。そして自分のほんとうの気持ちがどんどん見えなくなってしまう。

私自身がまさしくそうでした。子供のころは、そんな大人にはならないぞ、と思っていたのに、すっかりそんな大人になっていました。

なんでも「自分に問いかける」習慣が教えてくれること

私はなんでも「自分に聞く」というのがマイブームになりました。

「コーヒーと紅茶、どっちが飲みたい？」「赤い服と黒い服、どっちが着たい？」

日常の小さな選択でも、ちょっと迷ったら質問するのです。するとブーメランのように必ず答えは返ってきます。

自分がよりうれしくなるほうを選択するのが正解です。妥協はしません。「こっちでいいや」で選んじゃダメ。「こっちがいい」で選ぶ。

そうやって、ほんとうに欲しいものを選ぶ。それだけで、自分を大切にしている実感が持てる。そんなふうに考えられるようになってきました。

ある日の質問はハイレベルでした。

「愛って何だろう？」

愛が欲しい、愛されたいという気持ちはどこからくるんだろう。

息子も母も弟も、友達も、仕事仲間も、大物歌手さんも私を大切にしてくれる。それも間違いなく愛よね。それによってどれだけ自分が救われているかしれません。

でもまだ私は「幸せです」と言い切れないでいました。

「愛って何？」

教えてください。

その答えはすぐには返ってきませんでした。

自分への問いかけは、瞑想中にメッセージを受け取ることもあれば、その後の日常でふと気づきを得ることもあります。

お店でコーヒーカップを洗っているとき、その答えはふいに届けられました。

「愛はプレゼントのように与えられるものではないんじゃない？　愛って、もしかして、私の中からじゃない？」

そう思ったのにはわけがありました。

朝起きてお日さまを浴びます。その光はいつでもタダです。しかも誰にも分け隔てなくふりそそいでいます。光って宇宙からの愛なのかもしれない。

光の力によって私たちは生きている。生きるために欠かせないものはすべて宇宙が与えてくれている。

あの大物歌手さんみたいに、内側から輝いている人っていうのは、宇宙からの愛で自分をいっぱいにして、みんなにどうぞ、どうぞと光を配っているに違いない。

光で自分を満たすと、オーラが輝き出す。光は自分が「ない」と思わない限り、なくならない。だって宇宙からいつだって降り注いでいるのだから。

休憩になると、早速受け取ったメッセージの実験です。

自分を愛の光で満たしてみよう！

呼吸をしながら、光を自分の中にたくさん取り込みます。たくさんたくさん吸い込んで、体が光で満タンになると、毛穴という毛穴から光が漏れ出てきます。私は光で溢れている。光そのものです。

自分ばっかり光を持っていても仕方ありません。その光を大切な人たちに送ります。

家族に、友達に、天国のおじいちゃんとおばあちゃんに、喫茶店のスタッフに、お客様に、大物歌手さんに……。

「愛の光、届け、届け、届け！」

そうやって地球がまるごと愛の光でひたひたになるまで送るイメージをしてみました。

私が愛の源泉になってる！　自分が内側から満たされてなんとも幸せな気持ちになりました。体のそこからじわじわとエネルギーが湧いてきます。

自分はもともと愛でいっぱいの存在なのだ。いくらでも自分で愛をつくれるのだ。なのにこれまで、愛に気づかないふりをしていた。

愛してほしい。外ばっかりに求めていたことに気がついたのです。

なんだ、不幸って自分でつくっていただけなんだ。

瞑想は心の栄養

僧侶である私たちにとって、瞑想は欠かせない修行の一つです。

この本を読む方のほとんどはお坊さんではないと思いますが、サラリーマンでも主婦でもアスリートでも学生でも、どんな人にとっても瞑想はありとあらゆる恩恵を与えてくれるものです。

ここで私は、チベット仏教が教える瞑想についてお伝えします。これから瞑想を始める人、すでになさっている人であっても、正しく瞑想の真理を知っておくことがその手助けになると思うからです。

僧侶が瞑想をする理由

なぜ私たち僧侶が瞑想をするかといえば、生きとして生けるものすべてが幸

せになるという目的のためです。

お釈迦様は瞑想によって悟りを開きました。人間とは何か、生きるとはどういうことなのか、深い瞑想の末に生命の真理を知ったといわれています。お釈迦様が2500年ほど前にインドの大樹の下で、雑事雑念にとらわれない超越した一心の世界で得た真理が仏教の原点です。

私たちチベット仏教の僧侶は2000にも及ぶ経典を勉強しますが、それを探求するだけではお釈迦様が到達した境地に至ることはできません。**瞑想をすることで、お釈迦様、あるいはほかの仏様と呼吸を合わせ、一体になる感覚を得ていくことが欠かせない体験になります。**

昨今では、マインドフルネスの世界的な広がりによって、瞑想の効果が多くの人に知られるようになりました。

マインドフルネスとは、マインド（こころ）がフルネス（いっぱいに満たされている）ということです。マインドフルネスというのは、いまここにある自分の体や気持ちの状態に集中して、気づきの力を育《はぐく》む瞑想法といわれています。

はじめはメンタルを扱う医療の現場で実践され、その効果については多くの研究報告があります。それがビジネスや教育現場などにも広がっていったのでしょう。

「企業や個人が成果を求める手段として瞑想を利用することをどう思うか」と質問されることがよくあります。瞑想をしたら、瞑想を習慣にしているかっこいい自分になれる、収入が上がる、出世する、成功する、モテる、家族やパートナーと仲良くなる……。瞑想は神秘的で、たくさんの成果が期待できるものだと思っている人がたくさんいるのでしょう。

チベット仏教ではそういった目的を否定はしません。

瞑想は心の栄養だと私は思っています。

あなたが何かの結果を得るための手段として瞑想をしているとしても、瞑想をすることによってこころがクリアになったり、欲しいものを手に入れて家族や周りの人が幸せになるのであれば、よいことだと思います。そこに宗教や信仰は関係ありません。

あなたの幸せを追求するためのツールとして瞑想が役に立つのであれば、どんな目的であれ、始めたらいいのです。

瞑想は「幸せ」を得るための手段

端から見ると、あらゆるものをすでにたくさん持っているのに「もっと欲しい」「もっと欲しい」と言っている人がいます。

たとえば、たくさんの洋服を欲しがる人がいます。新作の洋服が出るたびにあれもこれも欲しくなる。クローゼットの中はすでにパンパン。買ったことさえ忘れている洋服もあることでしょう。クローゼットの中をよーく見てください。そこには不満がつまっていて、満足感はないのではないでしょうか。

どんなにたくさんの洋服を集めたところで、亡くなるときは何一つ持っていくことはできません。財産や地位も同じことです。

物質的な環境が整っていれば、肉体的には安心かもしれない。しかし、家も服も財産もこころの安らぎを与えてくれることはありません。他人から与えてもらうこともできません。どんな不満や心配も、外側の事象で埋めることはできないのです。

人はこころの安らぎなくして、幸福にはなれません。

これればかりは、自分で培っていくほかないものなのです。**反対に言うと、何も外側に持っていなくても、内側のこころが安らいでいると、人は十分に幸せになれるのです。**

ならば、いかにして私たちのこころが安らぐ体験を培っていけばよいでしょうか。安らぎを得る「こころの訓練」を行うことが唯一の方法で、そのひとつが瞑想だと私は思います。

昔、お釈迦様に「瞑想をすると何かを得られるのですか?」と聞いた人がいたそうです。

お釈迦様は「別に何も。でも失くしたものは多いよ」と答えたそうです。

「瞑想によって失くしたものはなんなのですか?」とふたたび尋ねると、**「不安や心配、怒りや憎しみ、嫉妬《しっと》、さまようこころといったネガティブなものは全部失くしてしまったよ」**とおっしゃったそうです。

こころの安らぎを破壊する最も強力なものは、憎しみ、執着、疑い、慢心、恐怖といったネガティブな感情です。

でも瞑想でほんとうにこころが安らぎを感じられるようになると、まずあなた自身がいつもハッピーでいられます。そしてあなたは温かい慈悲のこころ、利他心を持つことができるようになるでしょう。

慈悲のこころは、憎しみや恐怖、嫉妬といった苦しいこころの働きを弱めてくれるものです。あなたは自然に調和的でフレンドリーな雰囲気を醸し出し、その結果、家族、同僚、近所の人、ペットまであなたの温かいこころの恩恵を授かることになるでしょう。

私たちの未来の幸福は、物質的な発展やテクノロジーばかりに依存したものではなく、私たち一人ひとりのこころの安らぎにかかっていると私は思います。

双方が手を携えていくことが理想だと思いますが、一人ひとりができることとしてはまず自分のこころを見つめ、瞑想でこころが安らぎを得られるようトレーニングすることが大きな手掛かりになるでしょう。

第2章

旅の行き先は肉体から意識へ

ピンヒールを履いて ビジネスの世界へ飛び込む

誰とでもすぐに仲良くなれちゃう。

これは、小さいころからの私の特技でした。

ある世界的なネットワークビジネスと出会ったとき、これなら私の特技を活かせると、喫茶店の仕事をやめ、思い切って飛び込みました。

そのビジネスに参加するためには、まず自分がその会社の製品を買います。それを口コミによって広め、会員を増やしていくのです。成績優秀な販売員は海外旅行付きのセミナーに招待されたり、数億の稼ぎを上げる人もたくさんいました。

ゴージャスな暮らしぶり、海外へのご招待。外国好きの私としては、なんとも魅力的な世界に映りました。

「自分が頑張れば頑張るだけリッチになれるんだ！」

外車に乗って、高級ブランドのスーツにピンヒールを履いた自分を妄想しました。「これやる！　これならできる！　トップを狙《ねら》う！」

イケイケゴーゴーの幕開けです。

これが大きな錯覚だったことに、当時の私はまったく知る由がありませんでした。

「夢を叶えること＝物質を得ること」になっていたと、気づいていなかったからです。

まるで『セックス・アンド・ザ・シティ』の世界

私は順調に売り上げを伸ばすことに成功しました。

私は販売員たちの中で比類なき成功を収めているナンバーワンの右腕となりました。

とても尊敬できる人でした。その世界においては師匠です。人を惹《ひ》きつける魅力が生まれながらに備わっているカリスマでした。彼の側近であることが自慢でした。彼が称賛を浴び、輝いていることが、私の喜びになりました。

頑張れば頑張るほど、収入は面白いくらいにアップしました。

私は、最新のノートパソコン片手に、海外ドラマ『セックス・アンド・ザ・シティ』のキャリーよろしくマノロ・ブラニクのピンヒールや、何十万円もするスーツを着て、できるキャリア・ウーマンを気取っていました。

車だってとっかえひっかえ。ＢＭＷやサーブがお気に入りでした。

住まいは、ワンフロア貸し切りで都心の夜景が見下ろせる豪華マンション。8つのベッドルームがありました。

食事はグループの仲間たちを引き連れて、高級料亭やレストランが当たり前。

ランクが上になればなるほど、入りたてのメンバーが憧れるようにリッチでラグジュアリーにみせなければと気張っていました。

ある年、年収が2000万円を超えました。「けっこう今年は頑張ったなー」と、私はセミナーに胸を張って出かけていきました。ところが、そこでぽーんと1億くらい稼ぐ人と食事会をする。

そのたびに何くそ！　負けず嫌いの私は闘志をさらに燃やすのです。

「私、まだまだだった。みんなすごい結果出してる。もっと頑張らなくちゃ」やればやるだけ上にいける。

私はそのたびに「鼻先にニンジン作戦」を決行しました。

目標達成のご褒美にロレックスやら、バリ旅行やらを自分にご褒美するのです。そうやって自分にはっぱをかける日々でした。

仕事に夢中で、頑張っている自分が嫌いではありませんでした。いや、むしろ好きでした。ピンヒールも高級車も欲しくて手に入れました。

何もできなかった私です。

パソコンを覚えたのもこの仕事をはじめてからでした。

「やればできるじゃないか、ノリコ！」

自分を誇らしくさえ思っていました。

弟の死

でも、そのすべてが一瞬で色あせてしまった出来事に遭いました。

弟が40歳で亡くなったのです。


私には2歳違いの弟がいました。

両親の仲が悪かったせいか、反対に私たちは仲のよい兄弟でした。

「俺は、太く短く生きるんだ」

それが小さいときからの弟の口癖でした。それを聞くと何か答えなくちゃいけないかのように、「私は細く長く生きたい」と返していました。


弟はその通りの人生を生きました。

弟は、一言でいうと、豪快。内面は、おおらかでやさしく、フレンドリー。

大柄で、ちょっとリンポチェさんに似ているところがありました。

弟は日本の大学を中退すると、各国を旅するようになりました。仕事を始めると、オーストラリア、ニュージーランド、アメリカなど、世界を股《また》にかけて飛び回るジェットセッターになりました。

仕事だけではありません。フレンチが食べたくなったらコンコルドに乗ってパリのフレンチレストランに食べに行く。日本にいるときも、東京にいながら「札幌ラーメン食べたいから、俺、ちょっと行ってくるよ」と言って、本場に行っちゃう。そんな生き方をしていました。

それこそドンペリを浴びるように飲み、好きなものを制限なく食べる。好きなものにとことん貪欲《どんよく》な生き方をしていました。

結果として糖尿病になって、30代半ばで透析患者になってしまいました。無茶するからだって思いますよね。でも言うことを聞かないんです。それにいつも楽しそうでしたから、家族はまあいいか、と遠くから見守るだけでした。

ニューヨークから届いた１本の電話

私は仕事をセーブしながらできる限り、弟のケアをしました。弟が透析患者になったのは日本に帰国していたとき。そうなると海外で透析治療を受けるためには日本の医師の診断書が必要です。そういう事務的な手続きやらの手伝いがちょこちょこ必要だったのです。

あるとき2人でお茶をしていると、弟が言いました。

「ノンに日頃のお礼をしたい。一緒に旅行しない？」

私をあちこちの国を周遊するファーストクラスの旅に招待してくれたのです。

私たちは各国を巡り、人びととのふれあいや、文化を満喫しました。旅のラストは、香港からニューヨークに飛びました。

おしゃれなホテルに泊まって、ニューヨークの弟の友達を呼んでパーティをしたり、ブルーノートにジャズを聴きにいったり……。

でも仕事の事情で、私は一度東京に戻らなくてはいけなくなりました。

「ごめん。一度帰るね。いったん帰って、また来週戻って来るから」

弟を連れて病院に行かなくちゃいけなかったからです。

「大丈夫。今回は一人で行けるよ」と、弟は言いました。

日本に戻って事務所でたまった仕事やトラブルを片づけていると、携帯が鳴りました。

「弟さんが心不全で亡くなりました。ホテルで亡くなっていたので解剖が必要です。その許可を出してもらえますか？」

ニューヨーク市警からでした。

「あ…はい……わかりました……」

なぜ私は日本に戻ってきてしまったのか。

なぜ弟を一人にしてしまったのか。

電話を切った後、どのようにして家に戻ったか、よく覚えていません。

母に弟の死を告げました。

「あの子はずっと海外で暮らしてたんだから、私はずっとあの子が海外で暮らしていると思うことにする」と母は言いました。

「それがいいと思う」

弟への思いがとめどなくこみあげてきました。母もそうだったでしょう。

さっきまでの信じられないという気持ちは、いまもう一度だけ会いたい、会って話がしたいという思いでいっぱいになりました。

離婚した後、精神的にいちばん頼りにしていたのは弟でした。彼は穏やかでいつも前向きで陽気。電話で声を聞くと元気をもらえました。

「ノン、大丈夫だって」いつもそう言って励ましてくれました。

その弟が亡くなってしまった。彼は事あるごとに、私にこう言っていました。

「ノンはビジネスよりも精神世界のほうをメインにやったほうが向いてるよな」

最後にニューヨークでごはんを食べているときも、その言葉が出ました。
その言葉がずっと尾を引いていました。
もう仕事には戻りたくない。戻れない。やりたくない。

New York

こころ（意識）と体

瞑想は、深く深く自分のこころを探っていくものです。

自分のこころを見つめる。**私たちは自分のこころを知っているようで、実は知らないことがほとんどです。知っているのは、とても表面的なことだけで、それは氷山の一角にすぎません。**どのような葛藤《かっとう》がこころの奥底に潜んでいるのか、次第に見えてくれば、そこから道が開けてくるのです。

でも、特に瞑想初心者の中には、自分の内側をありのままに見るのが難しいとか、とんでもなくブラックな自分がいるかもしれないし、見るのが怖いからフタをしたままにしておきたいという方もいるようです。

ドロドロした内面の奥深くに眠る仏のこころ

瞑想にはあらゆる方法があります。

マントラを唱え続けるものや、呼吸に意識を向けるものや、歩く瞑想などなど。

マントラを唱え続けてさえいればそちらに意識が集中するので、雑念や自分のこころのブラックな部分が出にくいかというと、そうでもないということはやってみるとわかるでしょう。

どのような瞑想法であっても、自分の本心に気づくときというのは、遅かれ早かれやってくるものです。だから汚いものにフタをして見ないふりをしても無駄なのです。知っておいてほしいのは、誰でも自分の汚い部分は見たくないと思っています。そこに恐れがあって当たり前なのです。

お釈迦様も言っています。

瞑想をはじめると、自分の内側にドロドロしたものがあることに気づくかもしれない。けれど、そのもっともっと奥深いところに、実は美しく輝くほんとうの自分自身があるんだよ、と。

仏教ではそれを仏性といいます。私たち一人ひとりのこころの中には仏様がいらっしゃるということです。そこがわかれば見るのが怖いということよりも、その美しさに触れたいと思うようになるでしょう。

もう一つの見方として、自分の内側を見るのが怖い人というのは、自分の評価は人からの判断で決まると思っていて、自分に自信が持てないのです。

すると、「あなたを助けましょう」とか、「私はあなたの力になれるよ」という自信満々な人が現れると、その人に依存するようになってしまいます。自分のこころはその人次第。それは自分の人生そのものをその人に預けてしまっているのと同じです。

それでは、**自分自身のこころの深い深い部分にある美しいものに気づけないままで人生を終えてしまうかもしれません。それは非常にもったいないことです。**

生命の本質は「意識」

人生において、いまの自分のこころがどうなっていて、どこに意識が向いているかを知ることは何よりも大事なことです。

自分のこころを見つめるというのは、自分がどう生きたいか、ということにつながっていきます。それがわかっていれば、どんな人と関わるかとか、人にどう見られるかなんて大したことではなくなります。自分にいつも主導権があるからです。

私たちは肉体とこころ（意識）を持ち、それは一対のものです。しかし、私たちはどうしても肉体を通して得られる五感の体験、見た、聞いた、触ったといったことを重視しがちです。

しかし本来、ベースはこころのほうにあります。五感の体験というのは、こころ（意識）が働いているから、見たり、聞いたり、触ったりが認識できるのです。

私たちはこころ（意識）があるからこそ、生きています。

私はたくさんの死に直面する機会があったのですが、生きている人と亡くなってしまった人の差は何かというと、光です。

亡くなった人というのは、光が消えてしまい、肉体はただの物体になります。運転手に乗り捨てられた車のようなものです。そしてその肉体は朽ちていきます。

まさに生命の本質はこころ（意識）であり、そのこころ（意識）の本質は、純粋な光なのです。

生きている間は、肉体もこころも多層的な構造をとっているため、その本質の光はなかなか現れません。

でも、瞑想をすることによってその光に到達することができます。その光を見つけたとき、あなたは自分の中に揺らぐことのない安らぎと幸福があることを知るでしょう。

第3章

リンポチェさんが教えてくれたこと

セドナに恋した私

弟の死後、仕事をやめて宙ぶらりんになっている私は、瞑想三昧《めいそうざんまい》の生活をするようになりました。

そうはいっても、ぼーっとする瞑想のバージョンアップといった感じです。子供のころのように、大の字に仰向けになってただただ目をつぶっているときもあれば、座ってただ呼吸を感じながらぼーっとしていることもありました。

「ねえ、ノリコ。そんなに瞑想ばかりしているならやり方を教えてよ。人は集めるから」

私は友達に頼まれて、月2回、瞑想を教えることになりました。

あんなにガツガツ働いていた人間が、何カ月もぼーっとしているなんて、こころやさしい友達は心配してくれたに違いありません。

瞑想を続けていると、弟を失った悲しみは、玉ねぎの薄皮を向くように、じょじょに癒《い》えてきました。

「セ・ド・ナ――〝セドナ〟？」

ある日瞑想中に、知らない言葉が浮かびました。いまセドナといえば、世界的に有名なパワースポットの一つですが、20年近く前は、まだ誰も知りません。

持ち前の好奇心がムクムクしてきました。弟の死後、瞑想以外で興味を持ったはじめてのものでした。

ネット検索をすると、セドナはアメリカの土地の名前で、アリゾナにあることがわかりました。

「ここに行くしかないわ！」

精神的な喪がいよいよ明けた感じです。

そこから私のセドナ通いがはじまりました。

なんの先入観も持たずにはじめて降り立った聖地セドナ。

レッドロックの赤い大地とオークリークの聖流、地球のエネルギーポイントといわれるボルテックスからは、まさに地球のエネルギーが渦を巻いて放出されています。

ボルテックスは世界各地にありますが、セドナのそれは規模が違います。どこもかしこも母なる大地のエネルギーにあふれ、大いなる存在に抱かれているよう……。

私はセドナと恋に落ちました。

「セドナ大好き！　セドナ！　セドナ！　セドナ！」

私は勝手にセドナ宣伝部長を名乗って、寝ても覚めてもセドナの話ばかりするようになりました。「次は4月に行くわよ！」と瞑想会に集まる不思議なものが好きな仲間たちに声をかけると、「連れてって、連れてって」となり、毎回ツアーを組んで引率していました。

SEDONA

リンポチェさんとの出会い

リンポチェさんと引き合わせてくれたのも、セドナでした。私がセドナに行くようになってから2年後、1999年のことです。

セドナ通いはとうに10回は超え、私はゼフィというセドナのナンバー1・サイキックヒーラーと親友になっていました。

私たちはとてもウマが合い、私はセドナに行くと彼女の家に泊まるようになりました。

仲間とスーパーに買い出しに行くと、いつもは素通りする掲示板で足が止まりました。

「ゼフィ、チベットのお坊さんが来るわよ！　明後日だって」

私が手にしたチラシには、ダライ・ラマ法王と数人の僧侶の写真がありました。

「どれどれ？　ふ〜ん。ダライ・ラマの隣の人が来るのね。ダライ・ラマ法王だったらよかったのに。明後日じゃ私もう帰る日だし」

「1日早く来てくれないかな。セッションしてくれるらしいよ。お坊さんのセッションって興味ない？　ダメ元で電話してみるわ」

ゼフィも私に負けず劣らず好奇心のかたまりなのです。

光に包まれて登場したリンポチェさん

もう一つ、ゼフィがお坊さんに惹《ひ》きつけられたのには理由がありました。

彼女と私は、会うとリーディングのしあいっこをするのが恒例です。

彼女はコーヒー・リーディング。私はティーリーフ・リーディングでお互いの未来を読み解きます。

私は彼女が淹《い》れてくれたドロドロのコーヒーを飲みほすと、彼女にコップを返します。ゼフィは私が淹れた紅茶を飲み干すと、茶葉が残ったカップを私に戻します。

カップの底についた溶けきれなかったコーヒーの模様、一方のカップの底に残った紅茶の茶葉の模様が、私たちの未来を読み解く鍵になるのです。

「ノリコ、お坊さんが見えるわよ。あなた、お坊さんに会うみたい！」

「ゼフィ、あなたのカップにもお坊さんが見えるわ。一緒に会うのかしら？」

とにかくお坊さんに縁があるらしい。そんな楽しい会話をしたばかりだったからです。


ゼフィが電話をすると、なんと1日早く、しかもゼフィの家にそのお坊さんは来てくれることになりました。私は日本から引き連れてきた仲間も誘い、5人でお坊さんを迎えることにしました。


翌日、お坊さんは、お昼ちょうどにゼフィの家にやってきました。

うわっ!!!　まぶし――。まぶしすぎる！

お坊さんがゼフィの家のドアを開けて入ってきた瞬間、ドバーッと光が差し込んできました。肝心のお坊さんはまぶしくてよく見えません。その光で頭の中が漂白されていくような、すべての記憶が浄化されるような思いがしました。

光に目が慣れてくると、やわらかな光に包まれた笑顔が飛び込んできました。

なんてやさしい笑顔をしているんだろう……。

お坊さんは、顔がつやつやして、背が高くて、肩や腕ががっちりしていて、ダライ・ラマ法王と同じマロン色のローブをかっこよく着ていました。

理由もわからず涙が止まらない体験

ゼフィと私は急いでお辞儀をして、「どうぞどうぞ」とお坊さんを部屋に招き入れました。

「お招きありがとうございます。私は、ザ・チョジェ・リンポチェです。チベットの僧侶です」

大きなお坊さんは、たどたどしい英語で私たちに挨拶しました。そして、

「私はあなたたちに何ができますか？」と尋ねてきました。
なんの予備知識もなく、思いつきでお坊さんを呼んでしまったので、私たちは何をお願いしたらいいのかわかりません。それを正直にお話しすると、
「わかりました。チベットの伝統的な儀式を一人ずつに行いましょう。一部屋貸していただけますか」とリンポチェさんは言いました。

ゼフィが来客用のベッドルームをセッションルームとして提供してくれました。

リンポチェさんがしてくださるという伝統的な儀式というのは、お釈迦様から途切れることなく受け継がれ、師から弟子へと伝授されたチベット密教の儀式とのことです。

水を使って浄化の儀式、祝福の儀式、結界を張る儀式を行います。

一人ずつ部屋に入り、儀式をしていただくことになりました。
部屋からリンポチェさんが唱えるお経が聞こえはじめました。

しばらくすると、私は涙腺《るいせん》が崩壊し、涙が止まらなくなりました。別に悲しいことはありません。むしろ大好きなセドナにいて楽しく、愉快なはずなのです。やだ、恥ずかしい……。みんなに気づかれないように下を向いてごまかそうとしました。

そんな羞恥心《しゅうちしん》は無用でした。周りからも、鼻をすする音や懸命に嗚咽《おえつ》をこらえるかすかな声が聞こえてきました。みんな泣いているのです。きっとみんなも涙の理由なんてわからなかったでしょう。

ほんとうに怖い「魔」は自分の中にある

自分の番になり、泣き顔のまま、リンポチェさんの前に座りました。

まずは浄化の儀式からです。リンポチェさんは読経《どきょう》をしながら、儀式に使う聖水づくりをはじめます。10次元のところにあるというお釈迦様の時空のエネルギーを、真言によって降ろします。

そのエネルギーを水に転写すると聖水になるのです。聖水ができると、**「オ**

ム・ア・フム、オム・ア・フム、オム・ア・フム……」と唱えながら、聖水とクジャクの羽を私の頭にかざし、心・体・精神という3つのシンボルを描いて浄化します。体から邪気を祓ってくださいました。

祝福の儀式は、浄化をしてきれいになった体にチベット密教のバジュラ（金《こん》剛杵《ごうしょ》）を使ってポジティブなエネルギーを入れます。

リンポチェさんが、私の眉間の上にある第3の目のところにバジュラを当てると、パーンと光が入ったのを感じました。目がパチッと開き、たちまち視界がクリアになりました。

最後の結界の儀式は、魔が外から入らないように「オム・ア・フム」を表す三つの玉がつくられた赤いひもを手首に結んでくれます。

ちなみに、**「オム・ア・フム」というのは、チベット仏教の根源的なマントラで宇宙の真理を表すものだそう。**チベットの僧侶は、さまざまな儀式の最初に必ずこのマントラを唱えます。

赤いひもを結びながら、リンポチェさんは言いました。

「ノリコ、外から来る魔なんて大したことないんだよ」

えええ？　まさにいま赤いひもを結んでいるじゃないの！　と思ったけれど、だまっていました。

「人が何から身を守るべきかといったら、自分の中に生まれるネガティブな思いです。自分のこころをときどき見つめ直してね。ねたみやひがみ、エゴなどのネガティブな思いに結界を張ることだよ」と教えてくれました。

なるほど。自分のこころを見つめる。自分のこころを見つめる？

「ありのままを見るんだよ。ただ見るだけ。そういうこころを自分は持っていたんだなと知るだけでいい」

リンポチェさんは、私のこころの声が聞こえるのか、疑問に答えるように教えてくれました。

すごく大切なことを言ってくれている。きっといまの私に必要なことに違いない。そう思いました。

この人となら、ずっと一緒にいてもいいいな。

これが、リンポチェさんにはじめて会った日の私の感想です。

そして、ありがたいことに、リンポチェさんも私と同じ感想を、そのとき持っていたことが、ずっと後にわかりました。

全員の儀式が終わっても私たちの涙は止まりませんでした。

わんわん滝のように涙を流したまま、私たちはリンポチェさんを見送りました。

「またお会いできますよね、リンポチェさん」

「できますよ」と言いながら。

Za Choeje Rinpoche

リンポチェさんは、愛そのもの

「愛がそこに存在している」

「リンポチェさんってどんな人？」と聞かれたら、私はそう答えるでしょう。

ゼフィの家でリンポチェさんや仲間と一緒にはじめて過ごしたとき、「ああ愛に包まれている」。そう感じてしまったというのが素直な気持ちです。温かくて、安心で、なんて気持ちがいいんだろう。私たち人間だけでなく、リンポチェさんの愛はゼフィの家全体に浸透し、やさしさに包まれていました。

私は中学・高校とミッションスクールに通っていました。礼拝堂でのお祈りは日課。聖書の時間もありました。神父様が愛の大切さについてしつこいくらい説いてくださったものです。ただ教会を一歩出ると、そんなこと一瞬で忘れてしまいました。

愛って理屈じゃない。

愛のオーラでいっぱいのリンポチェさんを見て、そう実感しました。

命がけでリンポチェさんに会いにきた少年僧たち

なぜリンポチェさんがあんなに愛に溢れていられるのか。

南インドのリンポチェさんの僧院に行ったときのことです。

高僧であるリンポチェさんの家には、親兄弟以外の女性が泊まってはいけないことになっています。だから私は近くの宿坊に泊まり、朝になると、リンポチェさんの家に行きました。

朝ごはんを食べ終わったころです。

リンポチェさんは、ベランダに出ていました。そこに10人くらいのかわいい少年のお坊さんたちが集まっていました。なぜかみんな、リンポチェさんにお辞儀をしながら、シクシク泣いています。ただならぬ感じです。

でもリンポチェさんはずっと笑顔。

時折ハッハッハッと笑ったりしています。

しゃくりあげて泣く少年僧のエネルギーとリンポチェさんのエネルギーはまったく違います。

リンポチェさんは少年僧、一人ひとりの頭を大きな温かい手で、ポン、ポン、ポンと祝福しました。

少年僧たちは、またお辞儀をして、泣きながら戻っていきました。

後ろのほうから見ていて、事情を聞くのは失礼かもしれない、でも、どうしても気になってしまって質問しました。

「リンポチェさん、彼らはどうしたの？　何があったの？」

「あの子たちは、ヒマラヤを越えて、ものすごい時間をかけて、東チベットのテホーにある私の僧院から来た子たちです。来る途中で、何人も中国兵に捕らえられて、拷問されて、1回戻されたんだけど、それでも、またチャレンジして来た。でも、また何人かはこれから戻るんです」リンポチェさんは穏やかに話します。

「なぜ戻らなくちゃいけないの？　また中国兵につかまるかもしれないじゃない。インドのリンポチェさんの僧院にいればいいんじゃないの」

「村人たちは、噂でザ・チョジェ・リンポチェが転生したと聞いているけど、まだほんとうかは知らない。私はまだ東チベットに帰っていないから。私がインドの僧院にほんとうにいるのか確認してきてほしいと言われてきたそうです。だから、写真を撮って、『ほんとうにいましたよ』と伝えなくちゃいけないんです」

そうしてにっこりした。

命がけで会いにくるなんて、なんて純粋なんだろう。

なぜそんな思いまでしてリンポチェさんに会いにくるのか。それは彼らにとってみたら、リンポチェさんは活仏。仏様だからです。

仏様は万物を受け入れる愛の存在です。たとえどんな悪人であっても許し、救われます。

リンポチェさんは、16歳までふつうの少年でした。でも、ザ・チョジェ・リンポチェの転生者とわかり、仏の道を志したときから、活仏として生きるための修行を積んでいます。

リンポチェさんのためなら死ぬ覚悟もある僧侶たちが、周りにいっぱいいます。その思いにこたえることができるのは、愛のエネルギーでしかないのではないでしょうか。彼がいつも笑顔でいるというのは、何があっても大丈夫だとチベット人たちに示すためでもあると思うのです。

現代のチベットに根づく深い信仰心

僧侶たちに限りません。

チベットの人のリンポチェさんを見る目は、仏様を見るそれと一緒です。

インドではリンポチェさんが行くところ行くところ、人だかりができました。実家には、ひと目お会いしたいとたくさんの人がつめかけます。

おつきの僧侶や家族たちは、リンポチェさんの周りにたくさん飲み物やら、お菓子や果物などを置くようにします。仏様に対するお供えのようなものです。

ところが、リンポチェさんがそれに一口付けると、会いにきた人はみんな持って帰ってしまうのです。

「え、ちょっと……持ってちゃったよ！」

初めてそれを目撃したとき、私はびっくりして言いました。

「ノリコ、いいんです。持って行ってもらってください」

どんどん周りからものがなくなっていきます。そのたびに僧侶や家族が補充します。

なぜリンポチェさんの触れたものを持って帰りたがるかといえば、それがチベット人にとって、家宝になるからです。

仏様が触れたものだから、ありがたいし、お守りになるものだというのです。

日本人の私たちにしてみると、生きている人が仏様なんてとても信じられないかもしれません。でもそれが、彼らの信仰心なのです。

《最も短い瞑想》朝の祈りと夜の祈り

もしいちばん短い瞑想は何かと言われたら、朝の祈りと夜の祈りだと思います。

1日を支配するのは朝です。朝起きた瞬間、気持ちよく起きることができれば、その日1日をよい方向に舵《かじ》を切ってスタートできます。

夜寝るときは、その日1日に感謝を捧げてしめくくります。そうすることでその1日が、祝福に満ちたものとして完結します。

朝の祈り

「私が生かされていることに感謝します。

今日も私が幸せでありますように。そして世界中の人が幸せでありますよう

に」

目が覚めたら、呼吸をしている自分を感じ、感謝します。

眠りから覚めたら、呼吸をしていることに意識を向けて、生かされている自分を感じてみるのです。手や足を意識して動かしてみるのもいいですね。

毎日当たり前のように起き、シャワーを浴びて会社に出かけているかもしれませんが、誰しもが眠ったままで目が覚めないとは１００％言いきれません。

目が覚めて、呼吸をしている。そんなの当然だと思ってもあえてそこに意識を向けてみましょう。**私は生かされているのだなあとじょじょに思えるようになってきます。自然に感謝の気持ちが湧いてくるようにもなるでしょう。**

生かされていることへの感謝の後に、自分の幸せと他者にも幸せが訪れるよう祈ります。利他のこころはチベット仏教の大切にしている教えですが、**まず自分が幸せでなければ、ほんとうの意味で他者を幸せにすることはできません。**

ですから、まず自分の幸せを祈ります。他者の幸せを願うことは素晴らしいことですが、そこに自己犠牲がともなってはいけないということです。

寝床を整えると自分が整う

毎朝、ぐしゃぐしゃになった自分の寝床を整えましょう。これがこころの整理整頓につながっていきます。チベットでは、整理整頓をきちんとしたいのであれば、自分が起きた場所から始めなさいという言い方をします。

朝、寝床を整えると、驚くほどその日1日をすがすがしくスタートできます。そして、行動する自分になれる。そこが大切です。

些細《ささい》なことに思うかもしれませんが、小さなことさえできず、大きなことができるでしょうか。まずは小さなことを習慣にすることで、じょじょに大きなことができるようになるのです。

夜の祈り

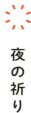

「今日も素晴らしい1日だった。ありがとうございます。明日も素晴らしい1日でありますように」

ベッドに入ったら、１日の最後に、その日どんなに嫌なことがあったとしても、その日１日の出来事に感謝をしましょう。

嫌なことをわざわざ思い出す必要はありません。

ただただ今日という１日を生きることができ、寝床で休むことができる。そのことに感謝します。そして、明日の新しい目覚めを楽しみにして、休みましょう。

チベットでは、親が子供に続けることの大切さを教えるときは、21日間続けなさいと言います。21日間続けられれば習慣になるということで、瞑想をはじめてする方も21日を目標にしてみるとよいでしょう。

朝と夜の祈りが自分の習慣となったら、あなたの人生は必ずよい方向へと輝きはじめます。

チベット式呼吸法で心身にエネルギーを満たす

呼吸は命です。
最も基本的で、最も根源的な私たちの生命の表れです。

瞑想を実践する中でも呼吸はとても大切なものですが、できれば瞑想の前の準備として、または朝、活動的な1日にするための習慣の一つとして行うことをおすすめします。

チベットの伝統的な呼吸法である**9息法**をお伝えしましょう。鼻呼吸をすることで、体の気の通り道を浄化して、エネルギーをめぐらせる呼吸法です。

呼吸をするための準備

楽に座ります、背筋は伸ばしておきましょう。

この呼吸法では、左右の鼻の穴を人差し指で交互に閉じて呼吸を助けます。初めての人は、先に何度か練習してみましょう。まず、左手の人差し指の表(爪)側で右鼻をそっと塞ぎ、左鼻から息を吸います。めいっぱい吸い込んだら、今度は同じ人差し指の腹側で左鼻をそっと塞ぎ、右鼻から息を吐き出します。これで1回とカウントします。

私たちの体の中には脈管という気（ルン）の通り道が72000本あります。特別大きなものが3本あり、チベットではとても重要なものとされています。

まず、脊髄に沿ってある中央脈管（ウマ）は、臍下《せいか》の丹田《たんでん》の位置からはじまり体の中心を真っ直ぐ上に上昇し頭頂で開いています。青色をしています。さらにこの中央脈管の両サイドには2本の脈管があります。左の脈管がキャンマ、右の脈管がロマです。

左の脈管は白、右は赤色をしています。この左右の脈管は頭頂に近づくにつれて頭蓋《ずがい》に沿って曲がり、両目の裏を通ってから鼻孔で開きます。

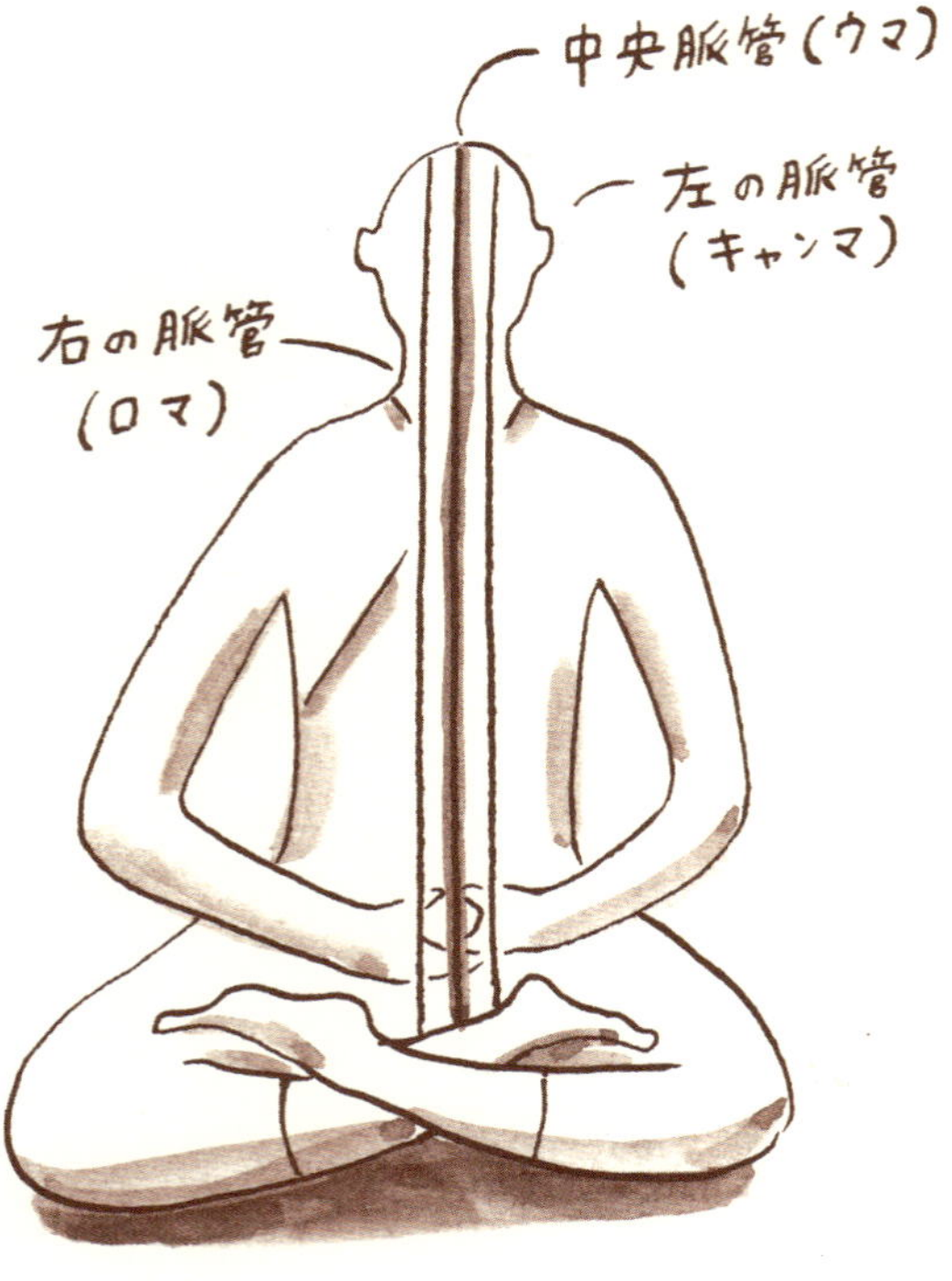
中央脈管（ウマ）
左の脈管
（キャンマ）
右の脈管
（ロマ）

右の赤い脈管は男性的なエネルギー。左の白い脈管は女性的なエネルギーを表します。

３つの脈管は、頭頂や目の裏などそれぞれのところで開いていますが、下は丹田の位置で合流しています。

自分の体の中にこの３本の脈管があるとイメージしてみましょう。

ここまでが準備段階です。

９息法のやり方

３つの脈管を一つずつ呼吸を流すことで浄化し、風を通していくのですが、順番は右の脈管↓左の脈管↓中央の脈管と行います。風を通すことで、ねじれている脈管をまっすぐにするイメージです。

ただ、順番を正しくやろうと思ったり、イメージを死守することにやっきにならないでください。体の中をぐるりと風が回って、いらないものが吐き出された、くらいで十分です。それよりも息を吸うときは、もう無理だと思うほどたっぷりと吸い、しっかり吐き出すということを重視してください。

この呼吸法では口では息をしません。必ず口を閉じて鼻で息をするようにしてください。

①**右の脈管の浄化**：左手の人差し指の表（爪）側で右の鼻の穴をふさぎます。左の鼻からゆっくりとたっぷり息を吸い込みます。息を吸い切ったら次に左手の人差し指の腹で左の鼻の穴をふさぎ、右の脈管を通して、右の鼻から息をゆっくり吐き出します。

以上を3回繰り返します。

②**左の脈管の浄化**：右手の人差し指の表（爪）側で左の鼻の穴をふさぎます。右の鼻からゆっくりとたっぷり息を吸い込みます。息を吸い切ったら次に右手の人差し指の腹で右の鼻の穴をふさぎ、左の脈管を通して、左の鼻から息をゆっくり吐き出します。

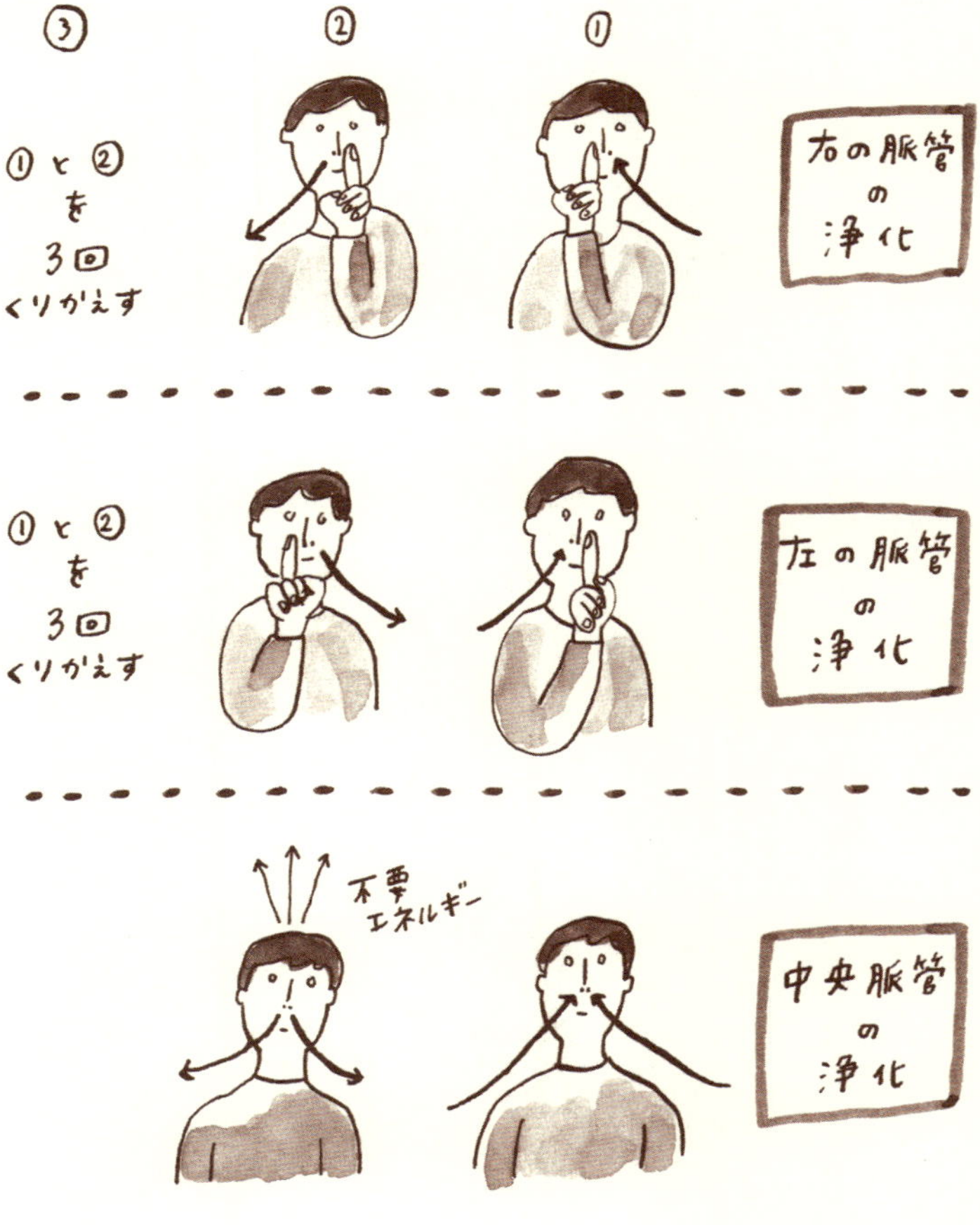
③
②
①
①と②
を
3回
くりかえす
右の脈管
の
浄化
①と②
を
3回
くりかえす
左の脈管
の
浄化
不要
エネルギー
中央脈管
の
浄化

以上を3回繰り返します。

③**中央脈管の浄化**：両方の鼻の穴からゆっくりたっぷり空気を吸い、両サイドの脈管に空気を流します。そして、両方の脈管を通して、両方の鼻の穴からゆっくり息を吐き出します。そのとき頭頂部からも息とともに不要なエネルギーが出ていくイメージができるとさらによいでしょう。

以上を3回繰り返します。

3脈分、各3回の呼吸が終わったら、体の中が浄化され、透明で新鮮な風が満ちているのを感じます。ゆっくりと自然な呼吸を楽しみましょう。

この呼吸法をすることで、72000の細かい脈管にも風が通り、8100カ所あるとされる全身のエネルギーポイントを刺激することができます。

注意点として、この呼吸法はとてもパワフルなものなので1日1回、全部で9回のみ。それ以上行わないでください。かえって体のバランスを崩すことになります。

人間の体には5つのチャクラがある

チベットでは、人間の体には5つのチャクラ（エネルギー・センター）があるといわれています。健康な人はそれぞれのチャクラが早いスピードで回転し、活力に満ちた生命エネルギーがつくり出されているのです。

チャクラが整っていると、人は健康であるだけでなく、メンタル面も安定します。

呼吸法のところで3つの脈管についてお伝えしましたが、チャクラはその中央脈管に沿って5つあります。呼吸法を行うことはチャクラにも風を通し、正常に機能する助けとなっています。

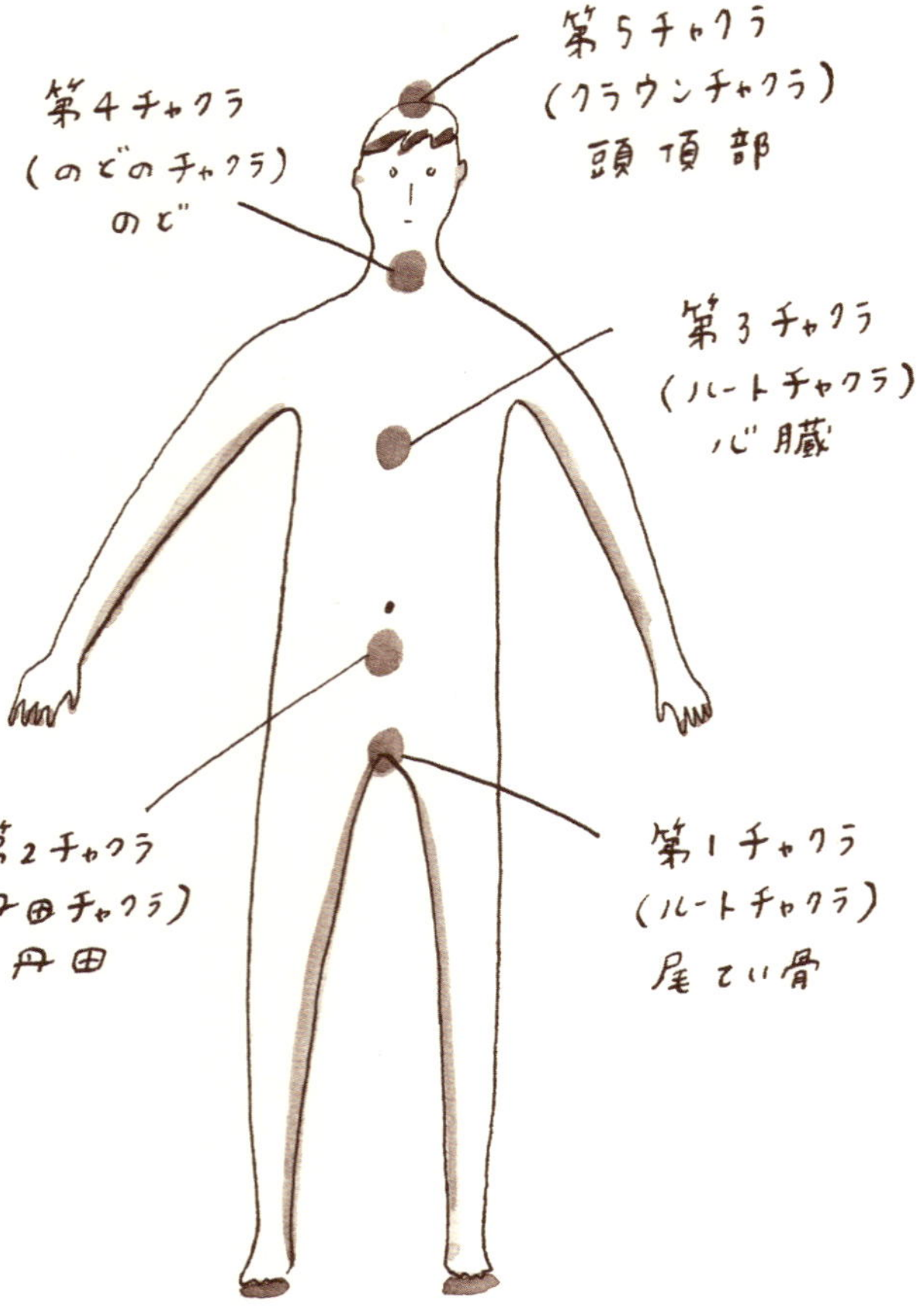
第5チャクラ
(クラウンチャクラ)
頭頂部
第4チャクラ
(のどのチャクラ)
のど
第3チャクラ
(ハートチャクラ)
心臓
第2チャクラ
(丹田チャクラ)
丹田
第1チャクラ
(ルートチャクラ)
尾てい骨

瞑想の準備体操として完成した「チベットヨガ」

呼吸法のほかにチャクラを活性化する方法として、**チベットヨガ**があります。

そもそもは私たち僧侶が瞑想前に行う準備体操としてスタートしましたが、ハタヨガなど、現在一般的に知られるヨガのルーツともいわれています。

ヨガというと「体が柔らかくなくては難しいのでは？」と思うかもしれません。

チベットヨガに関しては、そういった心配は無用です。

ポーズはたった5つだけ。

激しい動きは一切ない動きのゆるやかなヨガなのです。

筋トレのような体を鍛えるトレーニングになるものではありませんが、子供からお年寄りまで安全に行うことができます。

チベットヨガはチャクラに働きかけ、心身の調和をとることができます。

1日のはじまり、リラックスしたいとき、夜寝る前などいつ行ってもよいものです。

ご存じの方もいると思いますが、チベットヨガは、**チベット体操**という名前で世界的に広がっています。日本でも人気があるようです。ただ私が見たところ、私たち僧侶が行っている伝統的なチベットヨガとは微妙に異なっているようです。

動きの一つひとつにお釈迦様の教えが息づいている

ここでは**正式なチベットヨガのかんたんバージョン**をお伝えします。

瞑想ビギナーでもスムーズに瞑想に入ることができ、脈管とチャクラを活性化させ、心身の調子を整えるという観点であれば、今回のかんたんバージョンでも十分足りるでしょう。

かんたんバージョンの中にも、ポーズとしてはチベット体操と同じものがあるでしょう。しかし本来ヨガはどの流派であっても、形をとることが目的ではありません。

チベットヨガに関していえば、**僧侶が長い時間瞑想に入る心身の準備のためにつくられたものであり、本来は一つひとつの動きにお釈迦様の教えが息づいています。長時間の瞑想というドライブをしてお釈迦様に会いに行く。その前に車である肉体の点検をしておくようなイメージです。**

でも、現在流行しているヨガのほとんどはエクササイズ的で、チベット体操も含めてポーズややり方のほうに意識が向いているような気がします。きれいにポーズをとろうとか、うまくやろうと思う必要はありません。

私たちは意識的に体を動かさなければ、日々同じ筋肉ばかりを使っていて、体は柔軟性を失っています。その凝り固まった体をゆるめてあげましょう。自分の体が開いていく心地よさだけを感じてください。

チベットヨガ（かんたんバージョン）のやり方

瞑想の準備として、9息法のあとに行うとよいでしょう。息は止めないように。鼻からの深い呼吸を続けながら行ってください。

座ってはじめても、立ってはじめてもかまいません。背筋は伸ばすようにしましょう。

①首をぐるりと3回回す。左右どちらでもかまいません。そうすると**クラウンチャクラ（第5）**が整います。

②顔を天井に向けて、首前面をストレッチします。首を伸ばすことによって、**のどのチャクラ（第4）**が開きます。

③仰向けで横になります。ブリッジをするように、テーブルの形をつくります。ブリッジのような弓なりではなく体は真っすぐに伸ばした姿勢を保ちます。**胸のハートのチャクラ（第3）**が開きます。

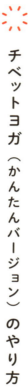

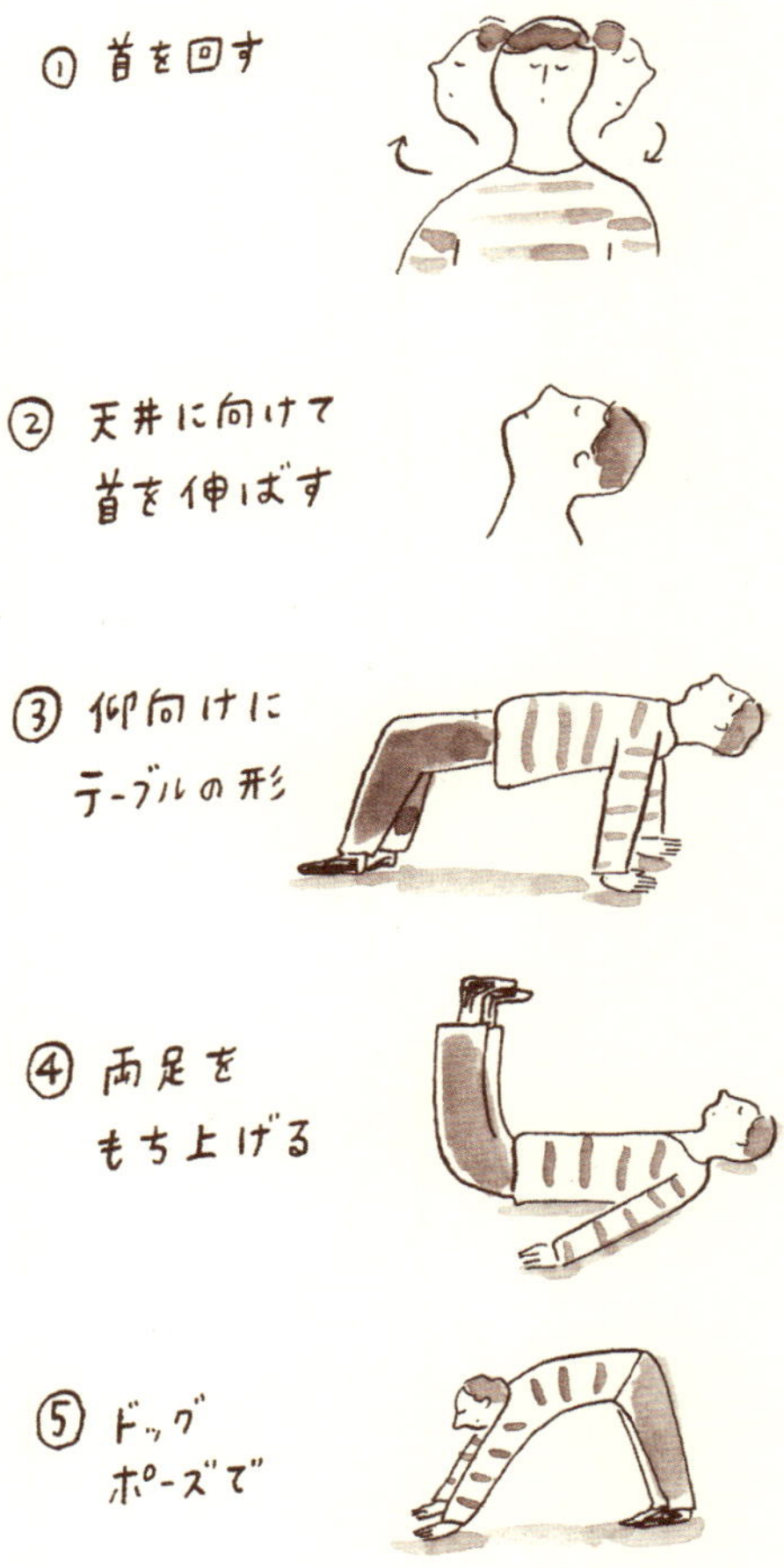
①首を回す
②天井に向けて首を伸ばす
③仰向けにテーブルの形
④両足をもち上げる
⑤ドッグポーズで

④仰向の状態で、両足をできるだけ直角に天井に向かって持ち上げます。下腹部に力が入り、**丹田のチャクラ（第2）**が活性化されます。

⑤最後がヨガでいうドッグポーズです。両手両足を床に着け、お尻を高く上げて体全体で三角形を表現します。両手両足をふんばるように力を入れたり、その場でかかとを上げ下げして足踏みをしたりすると、尾てい骨に刺激が伝わり**ルートチャクラ（第1）**が開きます。

どれくらいの回数をするか、ポーズをキープする長さなどは、その日のあなたの体と相談してください。

できないものがあってもかまいません。

たとえば、③のテーブルは難しいと思う人が多いでしょう。そういう場合は、仰向けになり、体はもちあげなくてかまいません。その場で胸を開くようにします。肩甲骨をぐっと寄せるようにすると胸は大きく開きます。その体勢でハートに呼吸で風を送るようにしましょう。

第4章

瞑想はこころの旅

生命は助け合って命をつないでいる

チベットの僧侶たちは「生きとし生けるものを殺さない」という教えが徹底しています。

リンポチェさんのインドの僧院に行ったとき、リンポチェさんと私とアメリカ人のサポータ数人のグループは空港から南インドの僧院まで列車の旅をしました。

列車を待っているときです。信じられないくらいの蚊の大群に遭遇しました。リンポチェさんを除く、私とアメリカ人のサポーターは、もう大騒ぎ。パンパンパンパンと連打で手を叩いたり、足もバタバタしていました。

リンポチェさんはそれを見て笑っていましたが、リンポチェさんの周りの蚊を私がはたいてあげようとしたとき、

「いいんだよ。吸わせてやればいい」

というのです。

「なんで、刺されたらかゆいじゃない」と私が言うと、

「自分からすればほんとうにちょっとの血だから」

私が出会ったお坊さんたちは全員そうでした。

リンポチェさんは教えてくれました。

「チベット仏教の教えでは、自分が死んだら、何に転生するかは、わからない。もしかしたら、アリンコになるかもしれないし、ガになるかもしれないし、ゴキブリになるかもしれない。だから、生きとして生けるものは殺さないのです」

そこで私は不思議に思い、質問しました。

「リンポチェさんは、肉も魚も食べているじゃない。それはどういうこと？　私は食べますよ。ベジタリアンでもないし。そこはいいの？」

「すべてのものは生きている。麦にしたって、米にしたって、雑草だって、みんな生きている。でも、みんな自分の命をつないでいかなければなりません」

「お釈迦様だって、過去世で自分が虎のときは、虎に食べられたことがある

し、自分が虎を食べたこともある」

「いま米を食べている私たちも、来世は自分が米になって人間に食べられるかもしれない。そうやって輪廻転生の中で命は助けあって生命をつないでいる。だから、私たちはみな一つなんです」

「日本には『いただきます』というすてきな言葉がありますよね。その言葉は命をいただくという意味だと聞いたけど？」

「ハイ、その通りです」と私。

「その素晴らしい言葉の通りってことだよ」

「今ここ」の大切さ、ということが言われるようになりました。

今生自分は人間として生きている。人間である「いま」をどのようなこころで生きるのか、考えさせられました。

精いっぱい生きるためには、エネルギーが必要です。そのためにほかの生命を感謝していただく。おいしいねと喜びを持っていただく。そして、いま人間である自分の命をより輝かせることが、ほんとうの意味でのエネルギーになってくれた命に対する感謝なのかもしれません。

命は助け合って生命をつないでいる

お坊さんたちの瞑想

チベットのお坊さんたちの数ある瞑想のうち、読経《どきょう》もその一つです。

ひたすら1000回も何万回もお経やマントラを唱え続けます。

特にチベットのお坊さんたちは、左右に体を揺らし続けてリズムをとりながら瞑想に入っていきます。集団でお経を唱えていると次第にトランス状態になり、深く深く意識の奥のほうにトリップしていくのです。

ダライ・ラマ法王の儀式などに行くと何万人もの僧侶が一斉に体を揺らし、読経する。もう圧巻です。

瞑想というと、姿勢を正し、ビシッと形を決めたら微動だにしないというイメージがあるかもしれませんが、姿勢を正すことはお約束だけれど、そればっかりではないということです。

リンポチェさんのチベットの僧院では、お坊さんは朝３時間の瞑想をします。

朝の瞑想では、チャイのようなお茶とぺったんこのパンのようなものが配られます。朝の読経はそれを食べたり飲んだりしながらやっています。彼らは非常に自由です。

読経では、チャンティングマスターという瞑想をリードするお坊さんがみんなより一段高いところに鎮座します。

お坊さんたちの声に慣れてくると、そこに含まれた倍音がよく聴こえてくるようになってきます。「おお～これが倍音かー」。生の倍音に感動しきりです。

「倍音」とは、音が鳴ったときに、メインの音程とともに小さい音で共鳴して鳴る音のこと。高周波の倍音は脳波にシータ波やアルファ波をもたらし、リラックスの極致へと導いてくれるものです。

修行僧なら誰でもできるものではなく、倍音のスペシャリストであるチャンティングマスターは僧侶たちの尊敬の的なのです。

さて、この倍音。女性にはできないといわれているのですが、なんと私はできてしまったのです！

僧侶たちのやり方を真似て、「グオーーーーーー」と、腹式呼吸をしながら低くうなるように声を出し、喉の奥に響かせるようにする。すると、それとハモるように、ちょっと高い音が、ほやほやほや〜と響くのです。

「ノリコができた！」

「えーーーー、僕もできないのに？」

「ほんとうは男なの？」

僧侶たちはひっくりかえるほど驚いていました。

きっと私は過去世でチャンティングマスターをやっていたに違いない。

そうみんなでうなずきあいました。

瞑想の準備

ここからは伝統的なチベットの瞑想法をお伝えします。

さまざまなやり方がありますが、はじめからうまくやろう、全部やろう、ちゃんとやろうと力まないようにしてください。

瞑想をする目的は、人それぞれだと思いますが、誰もがいまより幸せになることを願っていると思います。いまより不幸になりたいと思って瞑想を始める人はいませんよね。

瞑想でいちばん大切なのはリラックスしていることです。

もし30分のつもりが15分しか続かなかったとしても自分を責めないでください。瞑想は義務ではないのです。どんな変化があるか、どんな気づきを得られるか、期待を持たず、ただただ自分の内なる声に耳を傾けてみましょう。

本書でお伝えする一般的な瞑想であれば、場所も時間も特に関係ありません。

瞑想というのはインナージャーニー、こころの旅です。外を見るものではありません。こころを旅するという意味では、外はどんな場所でも関係ないのです。

確かに、静かな山奥のリゾートなどで一人の時間を持つことができるような豊かな人であれば、日常と離れて自分を見つめることができるかもしれません。

でも、東京のような大都会であってもちょっとした緑はあちこちにあるものですね。街角にそういう場所を見つけて、木を見たり、空を見たりしながら、自分のこころの動きを見つめるだけで、もう十分に瞑想になるのです。

服装は、呼吸に意識を向けたり、自分の体を観察しますので、特に初心者は楽なもののほうがいいでしょう。

本書の読者特典として、ザ・チョジェ・リンポチェ本人が伝授する瞑想レクチャー動画をご用意しましたので、ぜひご覧ください（↓巻末ページ参照）。

座り方

チベット仏教で瞑想の基本形として用いられているのが、大日如来様《だいにちにょらい》の姿です。

座り方は、「結跏趺坐《けっかふざ》」「蓮華座《れんげざ》」と呼ばれる形です。右足の足首を左腿の上に乗せ、左の足首も右腿の上に乗せる。あるいは、その逆を取ります。

一番安定感があるといわれますが、慣れるまでは足に負担がかかり、人によっては関節を痛めることもあるので、できなくてもかまいません。あぐらでもいいですし、脚を組むことが難しければ、椅子に座ってもまったくかまいません。

それよりも、できるだけまっすぐの姿勢を保つことが大事です。横から見たときに、背骨は尾てい骨から頭頂部が一直線になるようにしましょう。

目は半眼状態。鼻の先を見るようにするとうまくいきます。

口元は、唇の上下が触れるか触れないか、口角を少し上げて微笑《ほほえ》みの形をつくります。この口元にすると、おのずと口呼吸はできなくなりますから、瞑想中は常に鼻からの呼吸になります。

舌は、上あごと前歯の境目くらいに収めておくと、唾液がいい具合に分泌されて喉がかれることがありません。舌が下に下がってくると、唾液が出にくくなります。あごは軽く引いておきましょう。

肩を上げ下げしたり、ストンと力を抜くなりして、自分がいちばん楽な状態になるようにします。

手の置き方

左手に右手を乗せて、親指と親指が合うような状態で楕円《だえん》の輪の形を取ります。この輪はチャクラ、法輪を意味していて大日如来様のシンボルです。それを、丹田（へそ下約5〜9センチ）のところに置きます。深い瞑想に入っていることを示すポーズです。

《チベット聖者の瞑想　第1段階》ボディスキャン＝自分の体に意識を向ける

まずおすすめしたいのが、自分の体の状態を観察する瞑想法です。「いまあるがまま」の状態に穏やかに集中することができるマインドフルネスの基本になります。その後さらに深い瞑想をしていくための準備にもなる瞑想です。

マインドフルネスの原点はお釈迦様がつくった瞑想法で、「観行（行いを観る）」瞑想です。お釈迦様が自分から湧く気持ちや感情を客観的に見つめるスキルを磨いた瞑想法で、この瞑想法によってお釈迦様は「王子の強欲な生活」からエゴのない悟りに到達したといわれています。

それを考えると、簡単だけどとてつもない効果があるとわかりますね。

私たち僧侶も行っています。

頭のてっぺんから足先までボディスキャンをするように観察していくのですが、心地悪い場所があったら、そこに新鮮な呼吸を送り込むイメージをしま

す。

この不快な感覚に、呼吸でもって空気を出し入れするイメージを何回か続けていると、それが少し落ち着いてくることがよくあります。その感覚は人それぞれですが、す～っと消えてなくなるという人もいれば、こわばりや緊張が緩んでなんとなくポカポカしてくるという人もいます。

科学的な調査によると、瞑想をしながら静かに深い呼吸をすることで副交感神経が優位になるため、筋肉の緊張が緩むとともに心拍数や血圧が落ち着き、末梢血管の血流が改善するといった結果報告もあるようです。

最終的に、自分の肉体に自分でリラックスする許可を与えるわけですが、そこがチベット瞑想でいちばん大切にしているところです。自分の肉体がどういう状態であるか、私たちはほとんど無頓着《むとんちゃく》に暮らしています。でもこの瞑想をすることで、自分自身に問うことができる。こころと体が一つであることを感じられる瞬間です。

この瞑想は座位が取れる場所ならどこでも可能です。休憩中や、夜に自宅に帰って一息ついたときに試すと、気持ちの切り替えやこころに静寂をもたらす助けとなるでしょう。

30分を目安にするとよいですが、それより長くやっても、短くなってもかまいません。自分のこころの波が瞑想をする前より、静かになったと感じられるとよいでしょう。

ボディスキャンのやり方

①背筋を伸ばして座ります。心地よく自然な呼吸を行います。軽く目を閉じます。

②頭頂（クラウンチャクラ）、目、鼻、口、耳、喉、肩、呼吸をしている肺の動き、背中、お尻、右脚、左脚、両足の表と裏というふうに、体の上から下まで各部位をスキャンしていくように観察します。

ふだん無視している微細な体の感覚をていねいにチェックしましょう。

③たとえば、知らず知らずのうちに、顔の筋肉はこわばっているものです。目の回り、ほほ回りの筋肉が固まっていたり、歯を食いしばっていたり、あごに力を入れていることがよくあります。

力が入っているな、固まっているなと感じたら、その箇所に呼吸とともに新鮮な空気を送りながら、意識的に力を緩めます。

④肩こりの人などは、肩をチェックしたらそこに石の塊のような感覚があったりします。そうした不快な感覚をキャッチしたら、呼吸に合わせて新鮮な空気をその塊に送りましょう。

不快な感覚を鼻から呼気とともに吐き出すイメージを何回か行ってみてください。多少でも不快感が和らいだら、次の体のパーツにスキャンを移動させましょう。

⑤足底までスキャンしたら、今度は足底から頭のてっぺんまでスキャンを上げていきます。

そのときは、各パーツに「リラックスしていいんだよ」と、許可をしていくようにします。内臓の一つひとつにも許可を与えましょう。

許可をするという感覚がわかりにくいとしたら、そのパーツを意識して、「リラックスしていいんだよ」と声をかけるようにするだけでちゃんとゆるみます。

最後は、全身がリラックスしているのを感じてください。

休憩中などで、全身をスキャンする時間がないときは、頭部だけ、肩と背中だけなどと、部位を決めて行うのもよいでしょう。

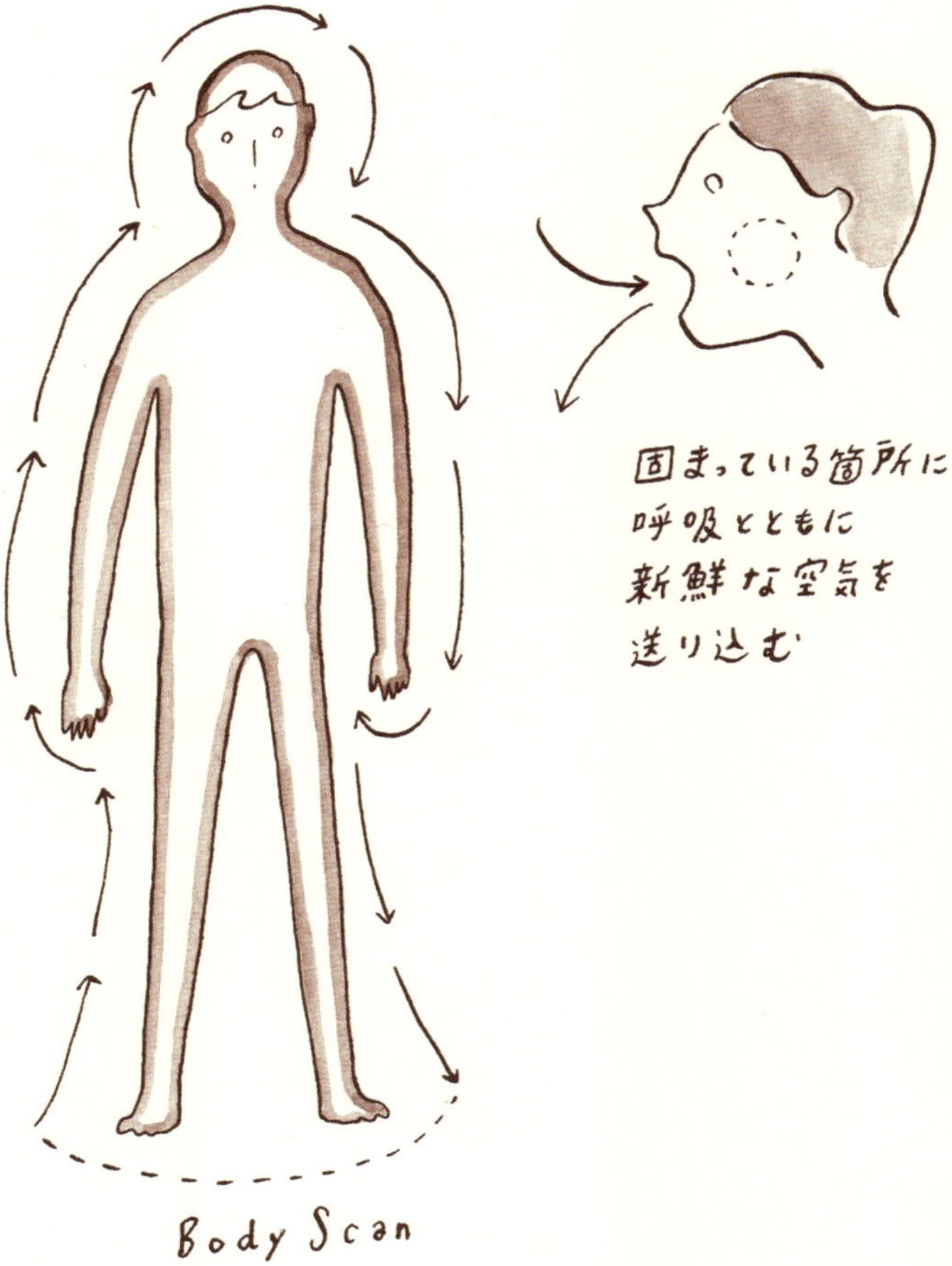
固まっている箇所に
呼吸とともに
新鮮な空気を
送り込む
Body Scan

《チベット聖者の瞑想　第２段階》
自分の呼吸に意識を向ける

ボディスキャンが終わったらそのまま自分の呼吸に意識を向けます。息を吐いている、息を吸っている……と、ただ呼吸の状態を見るだけです。これもありのままを観察するというマインドフルネスの一つである呼吸の瞑想になります。

呼吸は長くしなくちゃいけないのかなとか、一定の長さで吐く吸うを繰り返すべきかなど、いろいろ思うかもしれませんが、自分が普段自然にしている呼吸でよいのです。早くなることもあれば、ゆっくりになることもあるでしょう。

それぞれの人に自然な心地よい呼吸のリズムがあります。周りの人の言っていることやルールに合わせるのではなく、自分の呼吸に合わせることです。

「瞑想は呼吸を楽しむもの」と私はお伝えしています。自然に呼吸をしている

自分にただ従っている。そんな自分を楽しむことが、とても大切です。

自分が楽しんで呼吸をしていると、たくさんの気づきが得られるでしょう。

呼吸をコントロールしようとすると、そちらに気を取られてしまうことになります。

息を吸うときは自分の体は広がりを見せるし、吐くときは縮んでいきます。広がる、収縮する、広がる、収縮するという繰り返しはまるでダンスしているようです。呼吸のダンスを楽しみましょう。

雑念が浮かんできたらどうするか？

24時間に私たちがどれぐらい呼吸を繰り返しているかというと、２万１６００回にも及ぶそうです。２万１６００回もの呼吸をしているにもかかわらず、その一呼吸にさえ、意識を向けないことがほとんどです。

呼吸をしていることが生きている証であることは、誰もが知っています。

生命を支えるとても価値あるものなのに、人はまったくといっていいほど呼

吸に関心を示しません。一呼吸がどれほど尊いものかを意識するだけで、人生の見え方は変わってくるでしょう。

呼吸に意識を向けながらも、雑念が浮かんでくることはよくあります。人は考える生き物ですから、それは当たり前です。無理に雑念を消そうとしたり、止めようとしないこと。「そら出てきたぞ」「止めるぞ」と内なる戦いが始まってしまいます。

それに雑念は止めても止めても絶対出てきます。それは終わりなき戦いなのです。**もし次々に雑念が浮かんできたとしても、「あ、出てきたね」と気づくだけでいい。そして、ふたたび呼吸に意識を戻します。**

《チベット聖者の瞑想　第３段階》自分の感情に意識を向ける

呼吸を観察していると、私たちは自分の体としっかりつながっていることが意識できます。すると、こころの奥底から湧き上がる自分の感情ともつながることができるようになります。

感情を見るときも、ボディスキャンで体を観察したり、呼吸を観察したときも、することは同じです。湧き上がってくる感情に注意を払って、ただ見るだけです。

どんな感情が湧いてくるかは、そのときによってわかりませんね。**でも自分から逃げないで湧き上がってくる感情をただ目撃する。ああ、そんな感情があるんだということをひたすら見るということが大事です。**

昨日今日起こった出来事ではなく、遠い昔の記憶に基づく感情の場合もあるでしょう。たとえば、幼いころ友達に言われたいじわるな言葉を思い出して悲しくなったり……。

そんなときも、「あ、悲しみが湧いてきた」とただ見るだけです。悲しみとくやしさがない交ぜになっているような、言葉で言い表しようのない感情が湧いてくる場合もあるでしょう。その感情を説明したり、分析する必要はありません。なんとも言えない感情なら、「こんな感情もあるんだ」と見るだけです。

もちろん、悲しい、苦しいばかりではなく、喜びや感動の感情が湧き上がってくることもあるでしょう。**どのような感情もやはり戦わずしてただ見ていく。それもあなたのこころの深い部分のリラックスにつながっていきます。**

《チベット聖者の瞑想　第４段階》
自分の思考を目撃する

自分の感情をクリアしたのちに見えてくるのが自分の思考です。私たちの思考はものすごく忙しく、次々浮かび上がり、あっちこっちに飛び回っています。チベットでは「思考は猿のよう」と言ったりします。

この落ち着きなく出てくる思考も、やはりただ見るだけです。目撃者になるのです。人間は実にいろいろなことを考えていますが、その思考の量は１日に６万個にも及ぶといわれます。それをコントロールしようとしても無駄ですよね。忙しく湧いてくる思考をただただ傍観するだけでいいのです。

私たちのこころが空だとしたら、私たちの思考というのは空に現れる真っ黒な雲や、すっと流れる白い雲や、どんよりしたグレーの雲のようなものだとイメージしてみるとわかるでしょう。

いつだって自分のこころは空のようなものだと思っていれば、湧いてくる雲

が雨雲であったしても、いずれは流されて真っ青なきれいな空に戻るのです。

いちいち雨雲に振り回されることはないのですね。

時としてその雨雲は豪雨を降らせるかもしれない。そうすると、自分がまるでその雨雲そのものなのではないのかと思ってしまうかもしれませんが、ずっととどまっている雨雲があるでしょうか。雲があなたなのではなく、空があなたなのです。

あなたのこころは広い空です。空が雲を邪魔することはありません。それと同じで、どんなに恐ろしい雲が現れても、やがて流れてしまいます。ただそれを見ているだけでいいのです。

ストレスを感じるのは「肉体」ではない

日常生活では、さまざまなことが起こるでしょう。想定外のハプニングや、ショックな出来事が襲ってくるときもあります。そのストレスから早く逃れたいがために、人はお酒に走ってみたり、過食してみたり、何かに依存してしまうことがあります。**でもほんとうは、そのストレスを感じているのはこころであり、肉体だけではありません。**でも人は目に見える肉体のほうばかりを重視してしまう傾向があります。

大きなストレスがあったときはなおさら、自分のこころと向き合わなければ、それがほんとうに解消されることはないでしょう。

瞑想によって、自分のこころの声を無視することなく、自分の中から湧いてくる感情や思考を見つめるレッスンをしていると、日常のあらゆる出来事を受け流す助けになるはずです。

平たくいえば、ストレスに強くなるということですが、**嫌なことが起きたとしても「雲が出てきたな」と思って受け流すことができたら、単純に穏やかな時間が増えてきます。**何が起きても大丈夫な、いつでもごきげんな自分でいられるようにもなるのです。

こころには階層がある

チベット仏教では、一般に人間のこころは多層的で以下のように5つに分けられるといわれています。

①フィジカルボディ　最も外側の粗いレベルのこころ。おもに五感の感覚器官を通して感じる表面的な感情があります。

②エモーショナルボディ　①より微細なレベルのこころ。感情が起こるといわれています。

③メンタルボディ　②よりもっと微細なレベルのこころ。思考、考え、信念などが起こるといわれています。

④エナジーボディ　③よりさらに微細なレベルのこころ、エネルギーフィールドといわれています。

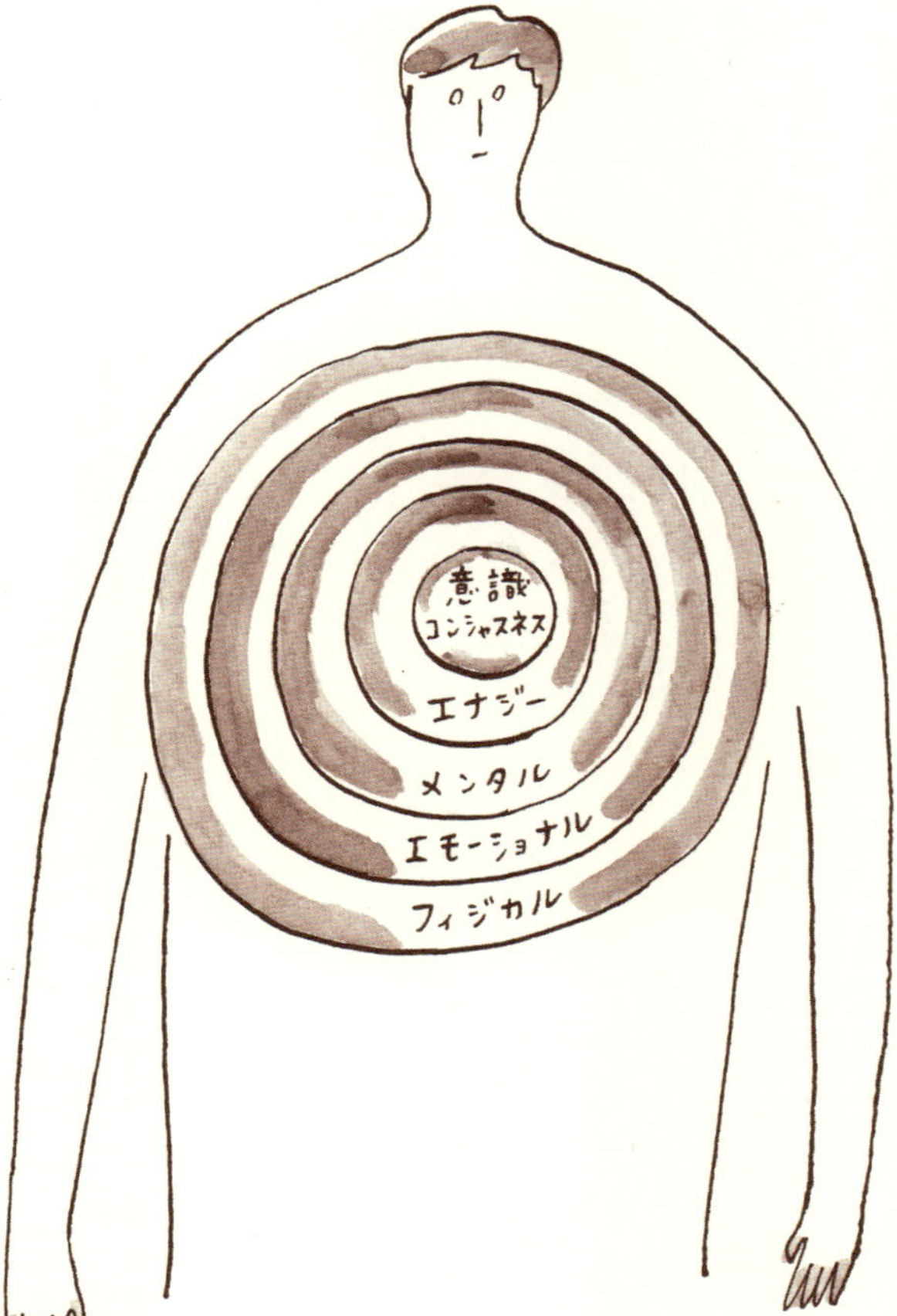
意識
コンシャスネス
エナジー
メンタル
エモーショナル
フィジカル

⑤コンシャスネス（意識）　最も微細なこころであり、意識体といわれていま
す。宇宙、空《くう》、仏性など。

私たちは死を迎えると、最後の⑤のレベルのこころを体験するといわれてい
ます。この最も微細なレベルは宇宙につながる根源的な「空」があるとされ、
それが意識の種である光や種子の大元です。その意識の種は失われることがな
く、輪廻転生を繰り返していくと考えられています。

お釈迦様がなぜ2500年も前に行ったことも見たこともない宇宙のことを
知ることができたのかというと、お釈迦様は瞑想によって⑤の意識の種のとこ
ろまでたどり着いたのです。

そこは「空《くう》」であり、宇宙であった。

つまり、宇宙意識まで到達し、すべてのものはつながっていることを知っ
た、よってすべてを悟ったのです。

**つまり、瞑想を深め、自分のことをよくよく知ることは、自分が宇宙であ
り、みなが一つであるのを知ること。私たちの本質である意識は宇宙につなが**

っているということです。

幸せは「二元論」からは生まれない

瞑想をよどみなく続けていくと、あなたのこころにはどのような変化が起こるでしょうか。

あなたの瞑想体験が深まっていくと、ついに、あらゆる二元論の垣根を取り払うまでになります。二元論というのは「好き・嫌い」「よい・悪い」「上・下」など、あらゆる点において、自己と他者を分けて考えることです。古来、幸せも苦しみも自己執着も非二元性の意識には存在しません。

この世のあらゆる苦しみは、私たちが自己中心的で自分の幸福ばかりを望むせいで生じます。

仏教語としての「慈悲」とは他者との完全なる合一のことを言います。そして、この世のあらゆる幸福は、他人を思いやることで生じます。自己と他者を分けて考えている間は、相手のための行動というのは、ほんとうの慈悲ではありません。

チベット仏教では他者を慈しむ利他のこころを非常に尊重しますが、瞑想を続けることで、いついかなる場合でも他者に手を差し伸べられるこころの準備が整うと考えています。

それはあなた自身にこれ以上ない幸福感をもたらすものでもあるのです。

しかし実際のところ、私たちはこころのいちばん粗いレベルである肉体や五感のレベルで四苦八苦しています。

肉体は意識の乗り物にすぎず、意識こそが運転手です。自分の意識、こころの存在をおろそかにせず、注意深く見てみましょう。まずは本書で紹介している瞑想で、自分が日々穏やかなこころでいることを目指しましょう。

《マントラを使った瞑想》オム・ア・フム瞑想法（Om Ah Hum）

私たちが呼吸をするとき、そこには聞こえるか聞こえないかくらいのかすかな宇宙の音が響いています。チベット仏教では、「音」はこころの階層でいういちばん深い微細なところからやってくるといわれています。

息を吸うときは、**「オム」という宇宙の創造の音**が聞こえてきます。

息を少しだけ止めると、**「ア」という宇宙の真髄である「空《くう》」を表す音**が聞こえてきます。

そして息を吐くときは、**「フム」という宇宙が走っている音**が聞こえてきます。

この3つをつなげると、**「オム・ア・フム」**というダイナミックな宇宙を表す音となるのです。そしてこれは、チベット仏教の重要なマントラの一つです。

呼吸に意識を向ける瞑想をしているとき、周囲の雑音が気になったり、集中がうまくいかなかったら、この「オム・ア・フム」を呼吸に合わせて唱えてみましょう。

「オム・ア・フム」「オム・ア・フム」「オム・ア・フム」……とマントラに意識を置くことで、雑音にとらわれにくくなったり、瞑想に集中しやすくなります。

ちなみに、おなかがいっぱいで満足しているとき、どの国の人も「ふぅ〜」と言ったりしますよね。これはチベット人が「フム」と言った時の発音ととても似ています。**私たちは自身が宇宙の音を無意識に発しているのです。**

オム・ア・フムの瞑想法

《マントラを使った瞑想》オム・マニ・ペメ・フム瞑想法(Om Mani Padme Hum)

チベットでは、お年寄りから子供まで日常の中で **「オム・マニ・ペメ・フム」** というマントラを唱えています。

お母さんは料理をしながら「オムマニペメフム、オムマニペメフム」、お父さんは畑を耕しながら「オムマニペメフム、オムマニペメフム」、お年寄りもマニ車を回しながら「オムマニペメフム、オムマニペメフム」、子供たちも友達とおっかけっこをしたり遊びながらも「オムマニペメフム、オンマニペメフム」と唱えています。

「オムマニペメフム」は観世音菩薩《かんぜおんぼさつ》、つまり観音様のマントラです。観音様は日本人にとっても馴染《なじ》み深い存在だと思いますが、チベットでも非常に親しまれている仏様です。

マントラを端的に説明するのは難しいのですが、日本では「南無阿弥陀仏《なむあみだぶつ》」

という阿弥陀様の念仏が広く伝わっていますね。そのようにチベット仏教では、「オムマニペメフム」という観音様のマントラが一般的に広がっているとイメージしてみてください。

ダライ・ラマ14世によると、オム・マニ・ペメ・フムは、細かく分けるとオム・マ・ニ・ペ・メ・フムという6つの真言（シックス・シラブル・マントラ）で構成されているそうです。ダライ・ラマは、「これら6つの真言は、私たちの不浄な身体・言葉・思考を、完全に統一された秩序と知恵の教えの道に導くことにより、仏陀になれる」と説明しています。

「オムマニペメフム」というマントラを唱えることが日常の習慣になると、よいこころの習慣になり、意識に「善」がしみわたっていきます。

「オムマニペメフム」の、一つひとつの言葉には、お釈迦様とつながる意味があり、「オムマニペメフム」と丁寧に唱え続けることで、こころに浮かぶイメージを観音様に見ていただくことができます。

チベットではそれが日常で行う修行になっているのです。そして、六種の根本煩悩（貪《とん》・瞋《じん》・痴《ち》・慢・疑・悪見）を観音様の慈悲の力で浄化していただくことができます。

あなたも日常で「オムマニペメフム」を唱えてみてください。

歩きながらする瞑想

おすすめなのが、「オムマニペメフム」と唱えながら歩く瞑想をすることです。

一歩一歩足を踏み出すたびに、「オムマニペメフム」と唱え、大地としっかりつながるイメージをします。大地をふみしめるたびに、「オムマニペメフム」ということで、観音様の意識にとどまることができ、あなたの中にも善の意識や慈悲が浸透していくでしょう。

チベットの僧院では、僧侶たちは夕方になると老いも若きも歩く瞑想をします。目標は3キロです。

体の中には脊髄《せきずい》に沿ってエネルギーが流れる主要な3つの脈管（116ページ参照）がありますが、歩くことでその脈管のとどこおりを解消し、バランスを

Om Mani Pedme Hum
オムマニペメフム
オムマニペメフム
オムマニペメフム
オムマニペメフム

整えることができます。

その3つの脈管は非常に大切なもので、チベットでは体液のバランスの乱れこそが不健康の原因といわれたりするのですが、この3つがとどこおると、体の働きを司る風（ルン）のエネルギーが回らなくなってしまうのです。

エネルギーが回らなければ、脊髄に沿って5つあるチャクラもふさがってしまい、こころのバランスもいっぺんに崩れてしまいます。歩くことはこころと体双方の健康にとっても有効なものです。

みなさんも、いきなり3キロは厳しいかもしれませんが、1キロ目指して黙々と歩くだけで、立派な瞑想になります。

第5章

この星に生まれて死んでゆく私たちのこと

問答見学

チベットの僧院に行ったら、絶対見たいと思っていたもの。それは**問答修行**です。

夜ごはんを食べ終わって、部屋でくつろいでいると、ゴーーッと地鳴りのような者がしてきました。

「いったい何の音ですか？」リンポチェさんに聞きました。

「ああ、問答しているんですよ」

「それ見たい！　見学してもいいですか？」

「問答に興味あるの？　どうぞ行ってらっしゃい」

リンポチェさんは、自分が行くと僧侶たちの修行の妨げになるからといって、私に別の僧侶をお付きにつけてくれました。

お坊さんは僧院であらゆる学問を学びます。

新入のお坊さんはチベット語の基礎を学び終えると、文学、スートラの詠《えい》唱《しょう》、祈祷《きとう》を学びます。続いて、アビダルマ（仏教教理・形而上学《けいじじょうがく》）、プラジナパラミタ（智慧の完成）、プラマナ（論理学）、マディヤミカ（中間思想）と、スートラ（顕教）とタントラ（密教）の仏教経典。さらに、占星学、心理学、医学、絵画工芸。さらに、仏教哲学を研究し、何時間も瞑想します。

これらに最低10年間はかかるそうです。

問答は仏教書の知識に基づいて行われるもので、進級試験のようなものでもあります。

問答部屋に近づくにつれ、さっきの地鳴りは人の声、手を打ち鳴らす音、床をダンダンと踏みつける音の三重奏だったのだとわかりました。

問答は立って質問する側と、座って答える側の2人1組で行われます。時に複数での団体戦も行われます。

質問する側は発問と同時に大きく手を振りかざし「パン」と両手を打ち付け、足を「ドスン」と踏み鳴らす。打ち鳴らした左手は「待て」のポーズで伸ばし、右手は「グッ」と手前に引きつける。かっこよく決まるお坊さんは、空手の型のようにも見えます。

そして、答える側の論理に矛盾を生じさせることができたほうが勝ち。勝利の印として、片方の手の甲を片方の手のひらに「ツァ、ツァ」と打ちつけます。

日本で行われる厳かな問答とはまったく異なり、まるでレクリエーションはげしい口ゲンカにさえ見えます。

A パン！「人間の定義とは何か！」

B パン！「呼吸をするものである！」

A パン！「呼吸をする犬猫も人間であるのか！」

B「そ、それは……」

はい、Aの勝利！

たいへんおそまつですが、こんな感じです。

3、4歳のちびっこ僧侶もお兄さん僧侶に習いながら問答しています。

「〇〇とは何か〜」その後に、手をパン。

「違う違う。質問を言うときに、パンだよ」

なんて、手取り足取り教わります。とてもかわいくって、ほほえましい光景でした。

試験では、試験官の僧と討論するそう。それにパスできないと、問答会に参加できないとか。

優秀な僧侶はそうやってチベット仏教学の最高学位であるゲシェ・ラランパを目指します。リンポチェさんは飛び級でそこをパスしたということです。

それはやはり、一部の秀才僧侶だけだそう。ほとんどの僧が、僧院の職人、大工、芸術家、料理人などの仕事に就くのだそうです。

チベットは桃源郷

チベットの朝。山々が連なる景色の素晴らしさに感動しながら、私たち日本人は一列になって歯磨きをしていました。

「最高の景色。天国にいちばん近いのはやっぱりチベットだね」

「水も空気もほんとうにきれい。エネルギーの純粋さが違うよね」

日本人同士、会話していました。

「タシデレー！」

うしろのほうから子どもの声が聞こえます。

「タシデレ」はチベット語で、「おはようございます」や「こんにちは」を丁寧に言う言葉です。私がリンポチェさんにならった、最初のチベット語でした。

「『タシ・デ・レ』その3つの言葉で、『あなたの最高の幸せを祈らせてもらいます』という素晴らしい吉兆を表します。それをもらったら、必ず『タシデレ』と返してね」

リンポチェさんの言葉を思いだしました。

振り返ると、5人くらいの子供がニコニコこちらに駆け寄ってきます。

「タシデレ」「タシデレ」「タシデレ」……。

そういわれたら、言い返すのが礼儀です。私たちも、

「タシデレ」「タシデレ」「タシデレ」……。

それを聞いたお母さんも、お父さんも、おばあちゃんも、おじいちゃんも、

周りの家中の村の人が外に出てきて、

「タシデレ」「タシデレ」「タシデレ」……。

また、私たちも「タシデレ」「タシデレ」「タシデレ」……。

しまいには、僧侶たちも外に出てきて、

「タシデレ」「タシデレ」「タシデレ」。

みんなで「タシデレ」「タシデレ」「タシデレ」の大合唱です。

タシデレが山々にこだまして、宇宙に届くようなハーモニーをつくり出しています。

みんな一人残らず笑顔だし、無邪気で、純粋で美しくて、挨拶しているだけなのに、私は幸せで幸せで、毎朝、涙が止まりませんでした。

そこにおいしいコーヒーやクロワッサンがあるわけではありません。きれいな洋服も宝石も高級車もありません。テレビも何もない。挨拶と笑顔だけで人はこんなにも幸せになれるのです。

私にとってのチベットは、思っていた以上に桃源郷でした。

私の中で、「この地球のどこかに桃源郷ってあるんだろうな」と思っていたし、いつの日か行ってみたいと思っていました。

それがチベットだったのです。とにかく、人々が純粋で、素晴らしいのです。

こうしているいまも、中国の魔の手が伸びて、民族浄化は進んでいます。小学校にも毛沢東の写真ががんがん貼られている。学校では中国語以外一切しゃべるなと言われていたり、警察官を見たら敬礼しろと言われている。中でも、チベット人にとって精神的なよりどころである仏教への信仰が十分に認められない状況は、チベット人の悲嘆をいっそう深めています。

平和的解決に1日も早く進みますように。

チベット人のこころの平安を願わずにはいられません。

トンレン瞑想
～ダライ・ラマ法王の日課の瞑想～

２００８年、チベットで暴動が起きた際、ダライ・ラマ法王は中国人たちの怒りや憎しみ、不安や疑惑などすべてのネガティブなものを自分が引き受け、自分のこころの平和や徳を、中国人や暴動を起こしているチベット人たちに与える瞑想を行っているとインタビューで答えました。

それは**トンレン瞑想**というものです。

チベット語で「トン」は自分のよいものを他者に与えること、「レン」は他者の苦しみを自分が引き受けることを意味します。

ごく簡単に説明すると、実際に苦しんでいる人を思い、その人の苦しみや病を自分の中へ吸い込み、それを愛に変えて相手の中に吐き返すというものです。

つまり相手の苦しみを受け取り、自分の愛や慈悲を与えるということです。

ハンセン病を治してしまったすごい瞑想法

トンレン瞑想のスタートは、チベットのハンセン病にかかってしまった高僧が苦しみの中で、自分はどうせもう死ぬのだから、同じような病で苦しんでいる人たちに、「もし自分の持っているものの中によきものがまだ残っているのであれば、使ってもらいたい」と願ったことでした。

彼らの苦しみをすべて自分が受け取りたいという純粋な慈悲のこころから生まれました。**そして生きている間中、自分が持っている慈悲を病で苦しむ人たちに向けて瞑想を深めたら、なんと自分自身の病気が全部消えてしまったのです。**

「これはすごい瞑想だ！」ということで、ハンセン病患者が集まっている場所に行き、トンレン瞑想を指導したところ、ハンセン病患者同士がこの瞑想を行い、元気になる人がいっぱい出たそうなのです。

この高僧は、お釈迦様からのトンレンの教えをしっかり実践して、体験した。しかも実際に病が治ったということで、チベットで知られるようになりました。

「どうして私なの？」をやめる

問題が起きたとき、人々は「なんで私なの？」と言ってしまったり、言いたがったりします。まずはそれをやめるということが大事です。

「なぜ私なの？」と問えば、「それは、あなたが悪いから」という答えにつながります。**すべては自分の意識からはじまっていて、その意識は宇宙であり、みなつながっているからです。自分もあなたも本来はないのです。**

「どうして私なの？」と思っても、その反対を言えばいいわけです。

それは「私だけじゃない」となります。

トンレン瞑想は、「私だけではなく、たくさんの人々が同じような境遇になっている」ということに気づくことに役立ちます。

あなたが重い病気にかかっていたことがわかったとします。そのときに「なぜ私なの？」ととらえずに、病気なのは自分だけじゃないと気づくことができたらどうでしょうか。

あなたが他者の苦しみや痛みを感じてはじめて、あなたから他者に対して純粋な慈悲の気持ちが生まれます。そして、あなたは「自分だけが」という孤独感であったり、苦しみを味わわずにすみます。

自分が理不尽な立場に置かれていると思ったとき、いまの自分の立場を知るということは、人の痛みを知ることなのです。

トンレン瞑想を通してお釈迦様がいいたいことは、そういう意味です。

実際、トンレン瞑想を実践するとなれば、瞑想の訓練を積んだ上級者にこそふさわしいものです。他者と自分は合一《ごういつ》であるという二元性を超えていく瞑想だからです。自己と他者を入れ替えることによって、自我の壁を乗り越えるものでもあります。

トンレン瞑想のやり方

①目を閉じて呼吸に意識を向けます。しばらく自分の呼吸を観察します。

意識が落ち着いてきたら、目の前の人や自分が知っている人の中で病気や不幸、絶望や苦痛、不安や恐れといった惨めさや苦しみを体験している人を思い浮かべましょう。

②息を吸うとき、彼らの苦しみのすべてが鼻を通って自分の中まで入ってくることをイメージします。

③息を吐き出すときには、自分の安らぎ、自由、健康、喜びといった徳のすべてを光というイメージに変容させ、流れ星のように相手に届くようにイメージします。

②③の呼吸とイメージを何度か繰り返しましょう。

④次にその人が住んでいる街をイメージします。息を吸いながら、その街に存在するあらゆる苦しみを自分の中に取り込み、自分の幸福や健康を光に変容させ、その街に住むあらゆる人に送り返します。

最後にその地域全体に、さらに国、惑星、全宇宙へと対象を広げ、自分が送り出す光も広げていきます。

悔いを残さない接し方をすること

私はふだん自分自身の悩みをリンポチェさんに相談することはありません。

でもたった一度だけ、どう気持ちを整理したらいいのかわからず、相談したことがありました。

母のことでした。

私の妹分のヒロコちゃんとリンポチェさんと3人で、セドナのゼフィの家に泊まっていたときでした。

夜遅く、歯磨きを終えてリビングに戻ると、奥の部屋からリンポチェさんが出てきてソファに腰かけました。ちょうど2人だけになりました。

「私、母のことで悩んでいるんです……。母のわがままを聞けない、反抗してしまう自分がいるんだけど……」

私はそのとき、母と私と息子と孫の４人で東京に暮らしていました。母は77歳でした。年を重ねるにつれ、わがままがひどくなってきていたのです。

昔から頑固でしたが、自分が間違っていても絶対に曲げなかったり、無理だといっても聞き入れてもらえなかったり、文句が止まらなかったり……。

「ハッハッハッ（笑）」

リンポチェさんはいきなり笑い出しました。

真剣に相談しているのに、「いま笑うとこ？」。

リンポチェさんは日本に来るたび私の家族に会っていたり、実家に泊まったりしたこともあるので、母のことをよく知っています。リンポチェさんは母のことをおばあちゃんと呼んでいるくらいです。

「77歳になった母親の性格を、ノリコは変えられると思っているのか？」

やられた、問答がはじまりました。

「そうです。変えられません」

「変えられないだろう。変えられることと、変えられないことがある。いずれは、どう考えてもノリコより先におばあちゃんは死ぬんじゃない？」

「順番でいくとそうですね」

「ノリコが、自分に悔いのない生き方をしなさい」

「え、私が？……私が悔いを残さないように生きるってどういうことですか？」

「親孝行をするとかしないとかではなくて、親のために何かを言ったり、したりするとき、ほんとうにそうしたいと思っているならオーケー。

だけど、本心と違うことをして悔いるのはよくない。親に反抗したり、無視したり、ひどい言葉を言ったりということを、**自分であとから悔いるようなことがあるのだとしたら、悔いないような接し方をしたらいいんじゃないのかな**」

「………」

「自分の将来のためにね」

母を変えようとするのをやめたら自分自身が変わった

そうです。母が先に死ぬであろうことは、わかっていました。でも、ありのままの母を受け入れることが難しい私がいました。

そこから私自身が変わりました。母を変えようとしていたけど、そんな自分を変えたのです。

ひとこと言いたくなっても、「あ、母は私より先に死ぬんだし、いまこれを言って彼女が傷ついたら、結局私も後悔する」というような考え方をするようになったのです。

驚いたのは、その考え方をするようになって、私自身が楽になりました。

それは我慢とは違います。ほんとうにそのほうが、自分にとって幸せだからです。母には最期まで幸せでいてもらいたい。いまさら傷つけたくないというのが私の本心だからです。

人は感情に振り回されてしまう生き物です。私は母のわがまま一つひとつに、いちいちこころを荒だてていたのだと思います。そこに気づくだけでも変化が生まれました。

チベット人の死生観
～輪廻《りんね》を終わらせるには～

死ぬと魂が抜けるとよく言います。そして天国に還《かえ》ると言ったりします。

私の中には、「魂ってどこから抜けるのかな？　よい抜け方とかあるのかな？」という疑問がずっとあったのです。それに、もう先が長くないであろう母が死んだときのことも気になっていました。

あるとき、リンポチェさんに質問しました。

「勉強していない私が聞くのも何ですが、人の魂はどこから抜けていったらいちばんいいんでしょう」

「それは、自分たち僧侶が学ぶ中でもすごく大事なことなんです。人間にはたくさんの穴がある。耳とか、鼻とか、口とか、目とか。へそとか肛門とか。**いちばんいい抜け方は、ここ。第3の目です**」

そう言って、私の眉間の上にある第3の目（サードアイ）に人差し指をあてました。

「ここから抜けるのが一番。そこにいろんな光が集まってくる。その中でもっともまぶしい光が来るのを待つ。光明といわれる水晶のように透明な強い光が来るまで耐えて耐えて耐えて、忍耐できるかどうか。魂が抜けようとするとき、最初に光を感じます。でもいろいろな光が来るんだよ。光だと思ってすぐにそれに飛びついてはダメ。その光の種類と出る場所によって輪廻の仕方が違います。もう耐えられないくらい強い光を待つことです」

「第3の目から出ることができると、どうなるのですか」

「お釈迦様の次元に行けて、輪廻転生をしないですむ。輪廻転生の束縛から放たれて、永遠の意識の世界に旅立つ。それが解脱《げだつ》です」

「ほ〜。他の穴から出てしまうと？」

「何かの生命に転生します。人間かもしれないし、動物かもしれないし、昆虫かもしれないし、植物かもしれない」

死は「ゴール」ではなく「始まり」

『チベット死者の書』は日本でも読み継がれています。

チベットの人たちは、死ぬ瞬間をとても大切にしていることを知っていました。私も彼らと接するうちに、死は恐れなくていいんだな、と思うようになりました。

チベットの人たちは、死を恐れているのではなく、次どうなっていくか、ゴールではなく、出発の始まりと捉えているのです。

「母も死がだんだん近いから、いまのうちに教えておきたいと思って。ありがとうございます」

「いま言っても、ふーん、そうなんだ、ぐらいしか感じないかもしれないけど、いざ臨終のとき、出るんだったらここだよというのを、言ってあげて。ちゃんとノリコがおばあちゃんのおでこを指で触って『ここだよ』と、教えてあげてください。それも、強い強い光が来るまで待つんだよって」

リンポチェさんは、とても熱心に教えてくれました。

母は、数年前に亡くなりました。私はリンポチェさんに教わった通り、折に触れて母に魂が第３の目から抜けるとよいこと、母の死に際にもそのことを伝えました。

ほんとうに母がお釈迦様の次元まで行けたかどうか、確かめようがないけれど、母はきっと魂の旅を終わらせたと思っています。なぜなら、初七日も、四十九日も、お盆も、母が戻ってきた気配をまるで感じないからです。

日本でも死者は49日間この世とあの世をさまようといわれますが、チベットでも、49日間バルドゥと呼ばれる生の中間的世界にとどまるとされています。

魂が解脱しなかった場合、次の生命に転生することになるので、家族や友人のもとへ行ってみたりするそうです。もしそばに母の魂を感じたら、私は気づくでしょう。でも、それはいままで一度もありません。

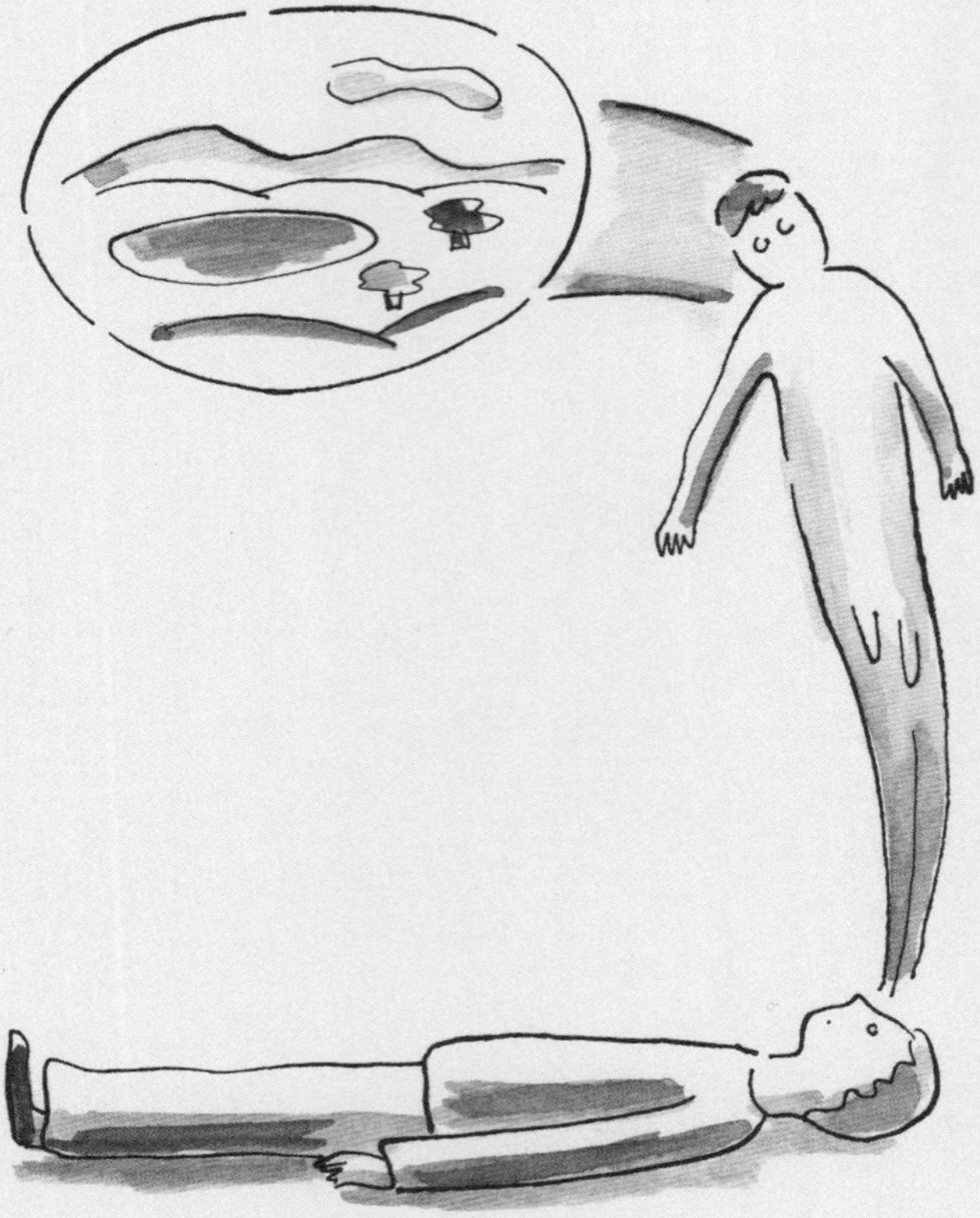

睡眠と潜在意識のお話

チベットでは、寝ている間に見る夢も、ある種の瞑想に近いものだといわれています。

寝ている間は五感がお休みしています。見ない、聞こえない、匂いもしません。

私たちの五感全部が静まりかえっているということは、こころの深いところにある意識、潜在意識が活発になる時間なのです。

チベットでは、寝ているときの潜在意識を、**ドリームボディ**と言います。

良質な睡眠をとると、翌日頭がよく働いて、よいアイディアが浮かんだり、インスピレーションを受けたりすることがありませんか。それは睡眠中にドリームボディが精神性を上げてくれるからです。睡眠は私たちの健康のためだけでなく、意識の向上のためにもとても大事なものなのです。

チベットでは、見る夢には3つの種類があるといわれています。

1つ目は、自分が日中や過去に経験したことの延長線で出てくる夢。

2つ目は、現状で肉体的なトラブルや、精神的なストレスがあったりすると、その不安や痛みが夢として表れる。この場合、あまりいい夢を見ないでしょう。

3つ目は、予知夢です。これから起きることのお知らせをしてくれます。

よい夢を見たいというのであれば、いま現在の自分の調子をよくすることが大事です。

体調や自分の状況、心構えをよいものにするということです。

よいこころになると、よい夢ばかりを見ることができるでしょう。

最終章

ダライ・ラマから授かった宝の教え

ピンチはチャンス

リンポチェさんに出会ったばかりのころ、彼はほんとうにお金を持っていませんでした。それでもぜんぜん幸せそうでしたけれど。

なぜそんなにお金がないかといえば、まず、彼の養っている人の数がものすごく多いからです。

東チベットの僧院12カ所。おまけに南インドにある僧院。そこの僧侶たちだけで数万人。そして、インドの難民キャンプにいる家族です。その家族、時に親戚20名弱。こういった人々の生活がリンポチェさんにかかっているのです。

日本人の感覚では、それぞれが働けばいいとなるかもしれませんが、中国に支配されていますし、インドに亡命した人たちにしても、仕事はなく、長い間、経済的に困窮状態であるといわれています。

何があっても笑顔の人

彼はアメリカを拠点にして活動を始めようとしたころ、あるアメリカ人のおばさんの家に下宿していました。衣食住を賄ってもらいながら、小さなお部屋を借りて、そこをセンターにしていました。

私もそこに行って、法話を聞いたり儀式をしてもらったことがあります。帰り際、そのおばさんに、リンポチェさんに儀式をやってもらったお礼と、お食事代としておばさんへのお礼を合わせて、封筒でお渡ししていました。

結局、そういったお金が全部、彼女のふところに入っていたことがだんだんとわかってきたのです。

そのお金のことで、リンポチェさんは決して彼女を責めません。ただ、あるとき、ダライ・ラマ法王事務所のほうに収支決算を出さなくちゃいけないとなりました。だから、「書類を出してほしい」とお願いしたそう。そうしたら、彼女は反旗を翻したのです。

リンポチェさんは、あることないこと、噂を立てられ、しまいに警察を呼ばれて、家から荷物を放り投げて、追い出されてしまったと。

私は日本にいたので、その一部始終を見てはいません。でも、リンポチェさんと頻繁にコンタクトをとっていたゼフィが電話をくれたのです。

もちろん腹立たしいのはうそっぱちを並べてネコババしていたおばさんです。でもゼフィは言うのです。

「リンポチェさんはぜんぜん怒ってないし、悲しんでもないよ、ずっとハッハッハッ、って追い出されても笑ってる」

「すごいピンチじゃないの？　アパートも借りられないじゃない」と私。

「そうね。警察もひどくて、荷物をぜんぜん返してくれなくて、リンポチェさんは、前世のリンポチェさんの写真だけ返してくれればほかのものはいらないからってお願いしてやっとそれだけ返してもらえたって。それでニコニコしてた」

「ああ、そうだろうな」。リンポチェさんは何があっても笑顔の人。不動心の人であることは、私もわかりはじめていました。

リンポチェさんが警察から出てきた翌日のことです。

以前リンポチェさんの法話を聞きにきたことがあるというルアンおばちゃんが彼に偶然コンタクトしてきたのです。

ルアンはリンポチェさんのために動いてくれました。彼のために家を借り、新しくセンターとなる拠点を構えてくれたのです。

お金はエネルギーだから必要なところにちゃんとやってくる

ルアンさんは資産家で、**「自分が死んだら財産は全部リンポチェに渡す。なんでも好きに使ってね」**というのが、口癖です。

そして、数年前に家族が亡くなったとき、その遺産を相続しました。それでいち早く、何億円もの資産を手にしました。

「私はもうお金はいらない。こころの幸福は十分にもう味わってるから」

ルアンさんはそう言って、家族の遺産を全部リンポチェさんにプレゼントしました。

リンポチェさんは、お金はエネルギーだと思っています。必要なところにちゃんとやってくると思っている。その点で「欲しがらない人」です。だから、ルアンさんからの遺産を自分の名義にはせず、そのお金でエマホセンターというアメリカの拠点をつくったのです。

「ピンチって、こうやってチャンスになっていくんだよね」

そのころ私は、ネットワークビジネスをやめて、蓄えがどんどん減っている時期でした。でも、お金は必要なところに必ずやってくるものなのだと、リンポチェさんをみていてほんとうにそう思います。

とにかく、自分のエネルギーを上げておくことです。よけいな不安や心配をしないこと。苦しくても、騙《だま》されてもスマイル。いつもリンポチェさんはそう言っていました。

抗がん剤は悪者じゃない

2011年3月11日、東日本大震災の後、私たち家族はリンポチェさんのススメもあって、東京から和歌山に引っ越しました。

その数カ月後、息子は車の運転中、2回もらい事故に遭いました。首のむち打ちの治りが悪く、私はあっちの病院、こっちの病院と連れていっていました。

息子は昔から私の体のことをよく心配してくれる子でした。「お母さん、一度検査いったほうがいいよ」としょっちゅう言われていたのです。

「お母さん、僕の検査はどうせ丸1日かかるんだから、一緒に検査してもらおうよ」そのときも息子に言われました。

「そうだね。時間があるから、じゃあ私もやるわ」

そう言って私は人間ドックを受けました。


後日病院に行くと、お医者さんが深刻な顔で言いました。

「子宮がんと子宮頸《けい》がんの末期です。このままだったら、もう余命3カ月です」


元気だし、なんの兆候もない。ぜんぜんピンときません。「ああ、いまって、ふつうに告知するんだ」と、自分ががんだということよりも、社会の意識の変化に驚いていました。

「緊急で手術しましょう」とお医者さん。

「はい。そうですよね」と、手術の方法などいろいろ聞いていると、一緒にきていた息子と孫がおろおろとたいへんなことに……。

「俺どころじゃないじゃん。お母さんは死ぬんだよ！」

冷静に手術の方法なんて聞いていられない様子で、もうこの世が終わったような、なんとも絶望的な顔をしています。

私は、なんとも思わなかったのかといったら、ほんとうに「ああそうか」くらいのものでした。

おかげさまでリンポチェさんに出会ってから、いつ死んでもいいくらい、毎日楽しく生きられるようになっていました。その日、その日を大切にいまこの瞬間を楽しめるようになっていたのです。だから、「ちょっとお迎え早いかな」とは思いましたが、「ま、いいか」くらいの気持ちでした。

でも、残される家族はそうはいかないんだと、そのときはじめて思いました。

こころの準備がまったくできていないこの子たちを残して、いま行くのは、どうかな……。

電話口で絶句するリンポチェさん

私はリンポチェさんにいつも言っていました。

「私が死んだら読経《どきょう》はあなたが上げてね。世界中どこにいてもすぐに来て、私のためにお祈りしてほしい。それが遺言だから」

「分かった。でもね……」

彼は自分と私の手相を見比べて、

「手相を見ると、ノリコの生命線より私のほうが短い。長生きすると出ているんだけど。ハッハッハッ」

そんなことをふと思い出したとき、タイミングよくリンポチェさんから電話がかかってきました。

「元気ですか？　変わりないですか？」

「元気なんだけど、家族が元気じゃないの。いま病院で私ががんで余命3カ月と言われちゃったもんで」

「ええ！」

電話の向こうでリンポチェさんが絶句しているのがわかります。

こちらとしては、僧侶らしい言葉の一つくらい欲しいものです。

「そうか」と言って、なんだか落ち込んでいるではないですか。いやいや、お坊さんが落ち込んじゃダメでしょう。

「私を励まさなきゃいけないんじゃないの？」と私は言いました。

「ノリコは大丈夫だよ」と元気なく言います。

「大丈夫よ、ぜんぜん。とりあえず手術はします」

「うん、それはしたほうがいい。……祈ります」

「そうそう、その一言を待ってました」

電話を切りました。

抗がん剤を打つこともカルマと受け取る

手術は無事終了。

「取り切れなかった頸がんがあるので、すぐに抗がん剤をスタートします」

と、お医者さんに言われました。

私は抗がん剤だけは、嫌でしかたありませんでした。私はリンポチェさんに聞いてみました。

「いや、抗がん剤はやったほうがいい」とリンポチェさん。

意外だなと思いました。

「いや、占ってから言ってほしい」

「占いでも『やったほうがいい』と出ていますよ」

「えー。ぜんぜんやる気がないんだけど」

私が言うと、いつになく冷静にリンポチェさんは言いました。

「スティーブ・ジョブズはなんで死んだと思う？」

「それは天命でしょう？」

「いや、天命だけじゃないんだよ。彼は抗がん剤をやらなかったんだよ。瞑想だけじゃダメなんだよ」

「えー？　お坊さんがそんなこと言うの？」

「現代には必要なことはあるから、抗がん剤もやったほうがいい」

なぜこの時代、このときを選んで生まれてきたのか。抗がん剤を打つこともすべてカルマなのだと彼らは受け止めているのかもしれない、と思いました。

私はそこまでリンポチェさんが言うならと、抗がん剤を受けることにしました。

「それだけではなく、ノリコのDNAには2万人の僧侶の祈りが入ったからね」とリンポチェさん。

「その2万人という数字は何ですか」

「5000人は自分のインドの寺の僧侶の祈り。あとの5000人は、実家のそばのセラ僧院に弟が相当の寄付をして祈祷《きとう》している。あと1万人は東チベットの僧侶たちが祈祷をはじめています。抗がん剤は悪者ではない。チャレンジしてください」

ハッとしました。

私の中で「抗がん剤はどうせ効かない。抗がん剤は毒だから、体がボロボロになるだけ。やっても無駄。抗がん剤に殺されないようにしよう」といった、メディアの主張がしみ込んでいて、「抗がん剤＝悪の薬」のようなレッテルを貼っていたことに気づいたのです。

でもほんとうのところは、やってみなきゃ誰にもわからない……。それをリンポチェさんの言葉によって気づきました。

抗がん剤治療は、半年間かかりました。

髪もすっかり抜けました。いまは完治して、ぴんぴんしています。

ちょうど髪の毛がなくなったころにリンポチェさんが日本に来ました。

「何かお土産に欲しいものはありますか」

「私はもう出家しちゃったから、チベット仏教のけさが欲しい」と冗談半分で言っておきました。


その言葉を本気にしたリンポチェさんは、それはそれは美しいチベットのローブを一式、お土産に持ってきてくれました。

「これはいつ着たらいいんだろう」

「もういつ着てもいいよ」と、リンポチェさん。

早速着てみんなの前に出ていくと、

「わあ、似合う〜。どこから見ても尼僧だね」

あまりのハマりっぷりに、リンポチェさんも家族も大笑い。

生きてて、よかった。またみんなの笑顔が見られてよかった。

いま死ななかったということは、まだまだ私に今生学びがある、ということでもあるでしょう。

ダライ・ラマの「許しと愛」の教え（リバース・サイコロジー）

チベットでは、めったにないほどの窮地に遭うと、相手に対して祈りなさいといいます。**「あなたのおかげで自分はこういう機会を得られました。ありがとうございます」**と、その人に感謝しなさいというのです。

これは昔チベットにいた高名なマスターの教えで、**リバース・サイコロジー**という考え方です。

たとえば、あなたが一生懸命に貯めた100万円を、信じていた恋人に持ち逃げされたとします。お金を取られたうえに、裏切られた。こころはズタズタでしょう。悲しいし、くやしいし、ムカつくし、許せない気持ちでいっぱいになるかもしれません。

でもそこで反対の考え方をするのです。

「どうもありがとう。100万円ですんでよかった。もっと一緒にいたら20

0万円持っていかれたかもしれない」と。

周りの人が聞いたら、気が狂ったんじゃないかと思うかもしれないけれど、結果として、自分は次の段階に進めます。まずお金の管理を考え直すでしょうし、付き合う人の見方も変わるでしょう。人として賢くなれますよね。悲劇的な出来事に遭っても、そこでめげることなく、ステップアップにつなげていくという考え方です。

「許せない」気持ちは自分をずっと苦しめる

「許せない」という気持ちを持ち続けて、いちばん苦しむのは誰だかわかりますか。自分です。憎しみや怒り、うらみを溜め込んでいるこころはとても不自由で、苦しい。

憎い相手に感謝をしたり、幸せを祈ることは、他者を無罪放免にするのではなく、自分を楽にしてあげることなのです。

許しとは、己の負の感情を手放す方法です。あなたが苦しめた相手の幸福を祈ったとたん、こころは安らぎを取り戻します。

この考えにはじめて触れた人は、驚いたでしょうし、はじめはなかなか心からの感謝なんてできないでしょう。口先だけでもいいので、いじわるをされたら、「ありがとう。あなたが幸せになりますように」。嫌いだと思う人がいたら、「ありがとう。あなたが幸せになりますように」。迷惑をかけられたら、「ありがとう。あなたが幸せになりますように」と唱える。


自分の中にその習慣ができると、怒りや憎しみ、許せないといったネガティブな感情にとらわれることが減っていきます。

あなたのこころはいつも安らいで、やさしい穏やかな光に包まれるようになるでしょう。

ダライ・ラマ法王が光り輝き続ける理由

1959年の中国の紅衛兵によるチベット侵略以来、中国政府はチベット人に対する暴力的な弾圧を続けてきました。ダライ・ラマ法王はこの間、一貫して平和的な呼びかけを続けています。

チベット人に対して、**「中国を絶対に恨んではいけません。どんな境遇にあっても、敵とみなしてはならない。憎しみを持つのではなく、愛を向けなさい」**といつもアナウンスしています。だからチベット人たちは祈りの中に「中国人たちが幸せになりますように」と必ず入れています。いまもそうです。これは**中国に対するチベット最大のリバース・サイコロジー**でしょう。

家族が迫害を受けたり、歴史ある僧院が次々に壊されたり、ダライ・ラマ法王の写真を飾ることも許されない状況下にあっても、チベット人が中国人の幸せを願い続けることができるのはなぜか。それは彼らが、そのおかげでチベットが世界から注目され、自分たちの偉大なマスターであるダライ・ラマ法王が平和の象徴となり、世界中で光り輝いていると思っているからです。

チベットはいまは太陽が消えてしまった状態だけれども、ダライ・ラマ法王が太陽となってチベット人のこころを照らしています。

ダライ・ラマ法王が、なぜそんなに光り輝いているのかといったら、困難に屈せず、たくさんのチャレンジを積んできたおかげです。

たくさんのチャレンジに向かっていくとき、人は必ず選択を迫られます。強くなっていくのか、それとも弱くなるのか。

強さを持って成長するためには、どんな無理難題や難敵が向かってきたとしても、リバース・サイコロジーで受け取って、自分のバネにしていくことです。**あなたを傷つける人に出会ったら、忍耐や寛容を覚えるチャンス。成長へのチャレンジだということです。**

全人類はすべて同じ立場

ダライ・ラマ法王のチャレンジは、他者、生命への果てしない「愛」に支えられています。

私たち人間は、基本的に考えれば、誰しも幸せな人生を過ごしていきたいと願っているはずです。問題や苦しみを望んでいないという点では、全人類がまったく同じ立場にあるわけです。そして、幸せな人生をまっとうする権利を持

っているという点でも、みなまったく同じです。

ですから、相手が自分を攻撃してくる敵であっても、その人は一人の命ある生き物であり、自分と同じように幸せを望み、苦しみを望んでいない同じ存在なのだということを考えた上で、たとえ嫌なことをしたとしてもその人を受け入れて、その人を愛するということがほんとうの意味における真摯《しんし》な愛です。

他者の幸福を願う愛は、私たちが自分のこころを訓練することによって育んでいくことのできる愛です。それが、他者の幸福を願う祈りです。

ダライ・ラマ法王はいつもおっしゃっています。手と足は役割が違いますね。しかし、足に不具合が生じれば、自然と手がその役割を補います。同じように、この世界でどこかに不具合が生じたら、私たちは助け合わなければいけません。なぜなら、私たちは皆で一つの命を生きている存在だからです。

私たちはこの世界において皆で協力して生きています。だから、どれだけ他人の役に立てるかを人生の目標に持ってくる。他者の役に立つというのは、他者を幸せにするということですから、他者の幸福を願うことも自然なことになるのです。

Dalai Lama

こころの声は宇宙の声
～ガイド役のおわりにかえて～

幸せな人生をまっとうするためには、何が必要かということを、私はリンポチェさんとの出会いから学んできたように思います。

リンポチェさんに出会ったことで、「いま、ここを楽しむ」ということが体験できるようになりました。

苦しいときは、「ハッハッハッ」で笑い飛ばせばいい。

彼もそうやってきているのを知っています。

ほんとうに、それだけで目の前の景色は変わります。

ピンヒールを履いて、がむしゃらに働いていたイケイケゴーゴー時代、幸せというのは、お金や他者からの称賛といった外から与えられるものでした。

リンポチェさんと出会ってから、あれほど追い求めていたライフスタイルが180度変わってしまいました。ピンヒールはもう1足も持っていません。Tシャツとジーンズにスニーカーで十分幸せ。むしろそのほうが私らしくいられると感じています。

もちろん、いまでもビジネスの現場で頑張っている仲間たちの生き方を否定する気持ちは微塵《みじん》もありません。

当時は、自然を感じることもあまりありませんでした。きれいな星空や、四季折々の植物の美しさにふと目が留まる感性は封印されていました。

頭はビジネスのことでいつも忙しく、瞬間瞬間を味わう余裕なんて、まるでなかったのです。

目標を達成して、自分にご褒美を買ってあげるときだけが充実感を感じる。ささやかな幸せというものにまるで無頓着《むとんちゃく》でした。

いまは、なんて美しい星に生まれたのだろうと感動することもしばしばです。

草木が緑のやわらかな葉っぱを生むときも、チューリップが背伸びをするように茎を伸ばすときも、木の葉がはらはらと落ちる瞬間も、何もかもが輝いて、新しく、生き生きと見える。

朝起きて、呼吸をしている。ただそれだけで感謝の気持ちがいっぱい。

こんなに穏やかで静かな幸せが、私の中をいっぱいにしてくれることは、いままでありませんでした。

常に変化する自分の「意識」に目を向ける

私は、瞑想の豊かさにわりと早くから気づいていたと思います。

大物歌手さんが「夢を見つけよう」と言ってくれた後、お日さまの光で自分の中のあふれる愛に気づいていたのも、自分の中に光を取り込む瞑想をしたからです。

あいにく、人の意識は常に変化しているのです。だから、毎日毎日、意識して自分のこころを見るということをしていないと、目に見えるものに飲み込まれて、本心とは違う、他者の価値観や、コマーシャル的なものにどんどん流されてしまうのです。

イケイケゴーゴー時代でも、自分なりの瞑想は時折していました。瞑想によって得られる研ぎ澄まされた感覚は、ビジネスのアンテナにすべて消費されていたのかもしれません。それは私の意識が、ビジネスの成功や物質的な豊かさを得ることのほうに完全に向いていたからでしょう。

そういった経験がすべて無駄だったとは思いません。リンポチェさんの言うところのリバース・サイコロジーで考えたら、その経験があったからこそ、いまこの瞬間を楽しむことができる自分になった、ともいえるからです。

みな、「充実した人生を送りたい」と言います。

でも、確かな充実感は、小さいことの積み重ねでしか得られないのです。

「ごはんを作って食べる自分」「トイレ掃除をしている自分」「お風呂を洗っている自分」「犬と戯れている自分」「お風呂に入っている自分」……。

いま私は、どんな自分も楽しく、充実しています。

毎日を大事にしてください。その瞬間瞬間を大事に。自分がどう思いながらやっているんだろう、というのを自分に聞いてみたり、感じてみてください。

わざわざ瞑想する時間がつくれないという人も、ごはんは食べるでしょう？　そういうときに、スマホを見たり、考えごとをひきずらないで、食べることに集中してみてください。そういう小さなことでいいのです。

リンポチェさんが教えてくれた、こころを見る瞑想は、確実にこころが整っていきます。

ただぼーっとするところから始めていいと思います。ぼーっと空を見たり、ぼーっと木を見てたり、ぼーっと川を眺めたり……。

子供たちを見ていると、意味もなくぼーっとしていたり、ぼんやりしていることがよくあるものです。大人から見ると「しっかりして」と思うところですが、脳の整理整頓を無意識にしているようです。
大人になると、ぼーっとするのがもったいなく思って、どんどん情報をつめこんでしまいます。大事なのは手放すほうだと思います。ぼーっとすると心に隙間《すきま》ができます。そこに宇宙からのメッセージが入ってくるのです。

私は小さいころ、兼高かおるさんに憧れていました。これは、「海外旅行をいっぱいしたーい」みたいなことだけではなくて、私の魂は、地球に遊びにきたんだから、地球で目いっぱい遊んで帰りたいと思っていたんだと、気がつきました。

ほんとうは小さいときにすでに気づいていたのです。こころにそういう希望を持つということは、自分のこころの奥のほうに、そういう意識があり、すでにそのメッセージを受け取っていた。その希望に沿って生きたほうが、人はきっと無理なく調和的に生きることができるのでしょう。

私たちの意識は宇宙につながっています。リンポチェさんが言うように、命

は輪廻転生して、それぞれ助け合っています。生かされている命なのです。その生命の大元を辿っていくと、それは宇宙から生まれています。

きっとどんな人も、子供のころに宇宙からメッセージを受け取っていると思います。

「ほんとうにしたいことは何でしょう?」

そこから使命やライフワークというものにつながっていくのだと思います。

そのひとつが私にとっては、チベットの支援だったのだと思います。

みんなにそういうものがあるはずです。

「これでいいのかな」と思うとき、迷うときは、自分のこころに聞いてください。そのこころの声を無視しないでほしいと思います。

大丈夫。いまどん底でも、下降気味でも絶対やり直しできます。

私だってもうほんとうにネガティブでひどかったんですから。

でも、「最高に幸せ」って言える自分になることができました。

ダライ・ラマの宝の教え「いつもオープンなこころでいること」

日本でよくいただく相談の中に、「将来の不安」というものがあります。

「仕事ができなくなって収入が途絶えたらどうしよう」
「病気になったらどうしよう」
「結婚しないで一生独りだったらどうしよう」

でも、実際は仕事をしていて、住む家もあり、家族も友達もいて健康状態も悪くなかったりする。それなのにそういう不安が根強いというのは、どういうことなのでしょう。

それはいまここにある自分の幸せを見ておらず、どうなるかわからない未来ばかりを案じているからです。

いま仕事があるならば、それに感謝をしながら毎日を一生懸命過ごせばいい。もしこの先仕事を失ってしまったら、そのとき考えればいいのです。そうなれば、不安がっている暇などありません。その事実と向き合っていくしかないのです。人間には、それに立ち向かうだけの力が与えられています。

それでも不安だというならば、こころがつくりだした心配を行動でカバーすればよいのです。仕事を失うことが不安なら、ほかにお金を稼ぐ術を考えておいてそのための勉強をしたり、資格を取ったりしてみる。やれるだけのことはやることです。

心配ばかりつくりだして、自らは何も行動しないというのがいちばん自分を不幸にしてしまいます。

ダライ・ラマ法王からの教えはあまりにもたくさんあるのですが、肝に銘じているものの中に、**「いつもオープンなこころでいなさい」**というものがあります。

いつもこころが不安でいっぱいというのは、こころが閉じてしまっている証拠です。それでは、あなたのこころの奥深くにある光を輝かせるチャンスを失っていることになります。

豊かな日本で不安を抱え込む日本人

日本という素晴らしく豊かで美しい国に暮らしていながら、何をそんなに心配することがあるのでしょうか。

日本という国は実に恵まれている国です。どこも清潔で安全、インフラも整っており、モノも豊かで、食事もおいしい。私ははじめて新幹線に乗ったときの、そのスピードと快適さにはほんとうに驚きました。

私はさまざまな国を訪れますが、こんなに平和や豊かさを感じられる国はめったにありません。人々のやさしさや礼儀正しさにも感動します。チベットの子供たちが日本に来たら、まさに夢の国だろうな……と、来るたびに感じます。

それなのに、不安や心配を抱えている人や、自殺者もとても多いということが残念です。自分たちがどれだけ満たされているのか、よくよく考えてみてほ

しいのです。

あなたはどこを見ているでしょうか。外見や持ち物ばかりを追いかけていませんか。外を見ればきりはありません。最新の車、バッグ、化粧品……。自分はまだまだ持っていない、足りない……。

そういった外の価値観に振り回されてばかりいないでしょうか。**外ばかり見て、自分に足りないものばかりを見つけるというのは、自分を自分で貶《おとし》めているのと同じです。**「自分はみじめ」「自分はダメ」……。それではどんどん自信を失って、自分が嫌いになってしまいます。自分が嫌いになれば、他者も嫌いになります。こころを開きようもないでしょう。

ありのままの自分は自分のこころにしかいない

ありのままのあなた自身を愛しなさい。そうお釈迦様はおっしゃいました。**ありのままのあなたは、あなたのこころの中にしかいません。**高価な宝石やブランド品を身に着けた鏡に映るあなたは、ほんとうのあなたではないのです。どこにいても、たとえ亡くなっても、私たちは私たち自身であるこころと離れることはできません。

ありのままのこころを見つめて、自分をそのまま受け入れてあげましょう。自分が心地よくいられ、自分を尊敬できている限り、どこにいても素晴らしい気持ちでいられます。そのためには、**常にこころをオープンにし、自分のこころを見つめる習慣を持つことです。こころが外的要因に振り回されることなく、自分でコントロールして安らいでいられるようにすることです。瞑想はその大きな助けとなることでしょう。**

常にこころを開き、チャレンジを受け入れ、あらゆることを学んでください。そして、自分の持っている能力を出し切って、自分や他者の幸せのために使ってください。

私は、たくさんの人に会いました。これからもたくさんの人に会うでしょう。

どこに行っても、どんな人に会っても幸せです。

あなたが幸せであれば、私も幸せです。

オープンなこころでいてください。

あなたの中の光を感じ続けて、それを輝かせてください。あなたがあなた自身の人生を決める主人である、とお釈迦様は言われています。

スマイルを浮かべて、自分自身を輝かせ、他者にもその光を分け与えてあげてください。みながそうすれば、不安や心配なんて起こりようがないのです。

自分のこころがオープンであるように意識しましょう。それこそが私たちの人生が真に豊かに輝く方法です。

【著者プロフィール】

ザ・チョジェ・リンポチェ　Za Choeje Rinpoche

本名ザ・チョジェ・テンジィン・ロブサン・タムチョ。

「リンポチェ」はチベット密教ゲルク派の高僧の役称。

1968年、南インドのチベット人難民キャンプで生まれる。16歳の時に、ダライ・ラマ14世により、チベット・カム地方の偉大な高僧「ザ・チョジェ」の6代目の生まれ変わりとして承認される。また、釈迦の十大弟子の一人、持律第一のウパーリ（優波離）の16代目の生まれ変わりとしても知られている。

1996年、チベット仏教ゲルク派に5つある仏教博士号の中でも最高位の「ゲシェー・ハラムパ」の資格を、28歳という歴代まれにみる早さで取得する。その他、高名な師たちから様々な伝授や密教の灌頂を授かる。チベットのテホーに13の僧院と数千人の僧侶を抱える。

現在は、アメリカ・アリゾナのフェニックスに「エマホ・ファウンデーション」を設立し、アメリカ、ニュージーランド、日本、台湾などで、チベット仏教の教えを精力的に広めている。宗教を超えて、西洋とチベット文化の融合に尽力し、心の平安を求める人々をフォローしながら、どの政府とも、どの宗教とも、誰とも争うことなく、自分の人生を幸福に生きる智慧を説き、愛を広めている。

2005年、ダライ・ラマ14世の70歳の誕生祝賀祭典の祈りを数百人のリンポチェの中より任命され、最高執行責任者を務めた。

Emaho Foundation
http://www.emahofoundation.org/

【訳・ガイド】

福田典子（ふくだ・のりこ）

北海道札幌市生まれ。幼少より、たびたび神秘体験をする。高校卒業後、ユタ州立大学に進学。帰国後、外資系企業に勤務し、このころから本格的に瞑想をはじめる。カラーコーディネートを学び、インターナショナルライセンスを取得し起業。全国各地でカラーコンサルタントとして活動する。

ある朝、突然「セドナ」という言葉を直感として得、数日後にそれが米国アリゾナ州の地名と知り、即渡米。その後、40回以上に及ぶセドナ通いが始まる。北米随一のパワースポットで、スピリチュアル性の高い、多くの知己を得て、能力が開花。レイキヒーリングやクリスタルヒーリングをはじめとした様々なスピリチュアルスキルを体得する。現在はカラーコーディネートの養成講座のほか、日本では唯一のティーリーフリーディングによる鑑定、レイキの指導等を全国で手掛ける。

20年前にセドナで出会ったチベット仏教の高僧ザ・チョジェ・リンポチェ師を毎年日本に招き、チベットの子どもたちや僧侶達のために、全国各地で「祝福と法話の会」を開催している。

装丁・本文デザイン　小口翔平＋深澤祐樹（tobufune）
イラスト　ヤマグチカヨ
DTP　キャップス
校正　広瀬泉
編集協力　林美穂

あなたのなかの幸せに気づく
チベット聖者の教え

2018年4月1日　初版発行

著　者　ザ・チョジェ・リンポチェ
訳　者　福田典子
発行者　太田　宏
発行所　フォレスト出版株式会社
〒162-0824 東京都新宿区揚場町2-18　白宝ビル5F
電話　03-5229-5750（営業）
03-5229-5757（編集）
URL　http://www.forestpub.co.jp
印刷・製本　萩原印刷株式会社

ISBN978-4-89451-797-4　Printed in Japan

あなたのなかの幸せに気づく
チベット聖者の教え

ここでしか手に入らない貴重な情報です

購入者限定
無料プレゼント

特典1

レクチャー動画

ザ・チョジェ・リンポチェ本人が伝授する
チベット聖者の瞑想

本書で紹介した瞑想法の詳しいやり方を動画で解説します。

特典2

実演動画

チベット密教直伝
「ターラーの読経」

成功、健康、長寿を祈願した多羅菩薩の読経(チャンティング)です。
観音菩薩がすべての衆生を助けることができず、それを憂い、流した涙の雫から蓮華の花が咲きました。その涙から現れた2人の菩薩がターラー(多羅菩薩)。
リンポチェご本人による、約10分間にわたる貴重な音源はここでしか手に入りません。途中、唄うように奏でられる詠唱は心の深くに大きな静寂と神聖なエネルギーをもたらすことでしょう。

このムービー特典は本書をご購入いただいた読者限定の特典です。

※動画ファイルはWeb上で公開するものであり、CD・DVDなどをお送りするものではありません。
※上記特別プレゼントのご提供は予告なく終了となる場合がございます。あらかじめご了承ください。

音声ファイルを入手するには
こちらへアクセスしてください

http://frstp.jp/tibet